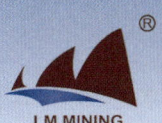
江苏隆迈矿业有限公司

江苏隆迈矿业有限公司是集研发、生产、加工、销售、国际贸易于一体的专业表面处理产品供应商。核心业务为喷砂和防腐，为客户提供水喷砂工艺流程设计与改造、水喷砂专用缓蚀剂、石榴石喷砂磨料和磨料回收、石榴石高压水切割砂，以及全方位的防腐方案。

江苏隆迈矿业有限公司自主研发水喷砂设备及工艺，已经取得突破性进展，目前已经申请多项专利，可承接水喷砂工艺改造、水喷砂工程。服务涉及航空航天、船舶、海洋平台、石油和天然气管道运输等军工及民用领域。

喷砂

业务范围

水喷砂设备
水喷砂工艺流程设计与改造
水喷砂专用缓蚀剂
石榴石喷砂磨料和磨料回收
石榴石高压水切割砂

石榴石水刀砂

水喷砂

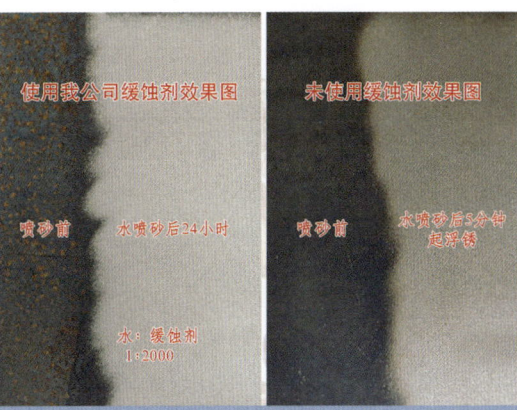
水喷砂专用缓蚀剂使用对比图

联系方式

地址：江苏省连云港市东海县种畜场驻地　　电话：0518-85476866
水喷砂咨询专线：18961357590　　　　　　石榴石喷砂咨询专线：18036667366
传真：0518-81085067　　　　　　　　　　邮箱：lm@lm-mining.com
网址：www.lmblast.com　　www.lmgarnet.com

良时智能
LIANGSHI INTELROBOT
Since 1993 股票代码:837430

为船舶修造客户提供专业的
环保智能喷砂抛丸涂装设备及系统解决方案

安全 优质 高效 节能 环保 智能化

上海良时智能科技股份有限公司(股票代码:837430),位于上海市临港新片区核心产业区,占地56000㎡(约84亩104区块)。拥有近30年船舶表面处理经验,为国内外众多船舶修造客户提供专业的环保智能表面处理设备及机器人喷砂抛丸、机器人喷漆涂装系统设备解决方案!

良时为船舶修造提供环保智能喷砂抛丸涂装设备

设备详情欢迎致电
程经理:18602123305
董经理:18621182546

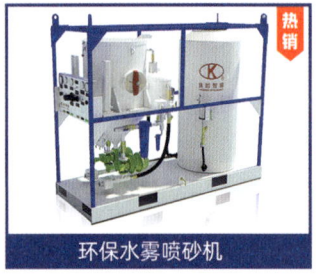
环保水雾喷砂机

四枪高效喷砂机

大型船用环保吸砂机

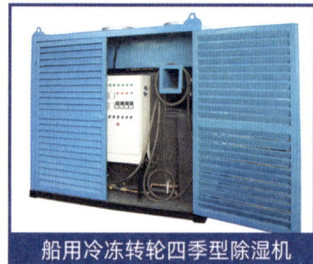
船用冷冻转轮四季型除湿机

良时智能船舶修造喷砂抛丸涂装系统设备包含:

1.四枪环保水雾喷砂机 2.四枪高效喷砂机 3.机器人喷砂机 4.机器人喷涂机,以及真空回收式喷砂机、组合式喷砂吸砂机组、钢板抛丸预处理线、无气喷涂机、吸砂机、除湿机、暖风机、后冷却器、滤筒除尘器、RCO/RTO有机废气处理装置、船舶修造分段喷砂涂装房系统。

良时为船舶修造提供环保自动化喷砂抛丸涂装系统解决方案

详情欢迎访问:
www.shliangshi.com

船舶分段机器人自动喷砂房、机器人自动喷漆房

喷砂涂装房喷砂回砂及除尘系统　喷砂涂装房除湿送风系统　涂装房有机废气RCO催化燃烧装置

环保智能移动组合式喷砂吸砂机组

上海临港新片区(总部):
电话:(+86)021-51035200
地址:上海市临港新片区新四平公路1117号
网址:www.shliangshi.com
邮箱:webmaster@shliangshi.com

北方销售中心(大连):
电话:0411-82105700 82105800
传真:0411-82105711
邮箱:dalian@shliangshi.com
地址:中国·大连市西岗区沿海街68号

表面处理喷抛丸涂装设备系统制造商
自动化及机器人应用工艺系统集成商
环保废气废水粉尘噪声治理设备制造商
承压设备系统集成及模块设计制造商
股票代码:837430 厚积薄发 持续创新

ISO 9001
ISO 14001
Registered Company
Sira UKAS

通过ISO901质量管理体系认证
通过ISO14001环境管理体系认证

HANDBUCH
Korrosionsschutz in der Seeschifffahrt
Sebastian Dießner

船舶防腐蚀手册

【德】塞巴斯蒂安·迪斯纳 著

邵逸峰 施璟 方思敏 译

中国船舶工业行业协会修船分会 审

上海科学技术出版社

内 容 提 要

这是一本关于船舶防腐蚀专业知识和实践操作的手册。作者提供了关于船舶和海洋平台的防腐蚀方法和各项工作步骤,涉及防腐蚀工作的全流程,包括腐蚀类型、防腐蚀方法、表面处理和除锈方法、涂覆方法和涂层缺陷处理、附着海生物处理、标准和规范、涂料消耗的计算方法和涂料产品的选择、涂层检验、合同中的防腐蚀技术规格书、防腐蚀工作的安全风险、新船实例流程、维修工作、船员操作、文档记录,并提供了具体的计算方法和图示。

本书基于作者丰富的专业知识与实践经验编写而成,适合在船舶与海工防腐蚀领域有一定工作经验的从业人员学习和查阅,帮助他们解决实际工作中的船舶防腐蚀问题;本书还有助于防腐蚀质量检验工作的评估,可作为防腐蚀领域的参考工具书。

图书在版编目(CIP)数据

船舶防腐蚀手册 / (德) 塞巴斯蒂安·迪斯纳著;邵逸峰,施璟,方思敏译. -- 上海:上海科学技术出版社,2021.9
ISBN 978-7-5478-5457-0

Ⅰ. ①船… Ⅱ. ①塞… ②邵… ③施… ④方… Ⅲ. ①船舶－防腐－手册 Ⅳ. ①U672.7-62

中国版本图书馆CIP数据核字(2021)第163338号

Original title: Handbuch Korrosionsschutz in der Seeschifffahrt, 1st edition by Sebastian Dießner
© 2016 DVV Media Group GmbH, Hamburg
上海市版权局著作权合同登记号 图字:09-2019-708号

船舶防腐蚀手册

【德】塞巴斯蒂安·迪斯纳 著
邵逸峰 施璟 方思敏 译

上海世纪出版(集团)有限公司
上海科学技术出版社 出版、发行
(上海钦州南路71号 邮政编码200235 www.sstp.cn)
上海盛通时代印刷有限公司印刷
开本787×1092 1/16 印张 12.25
字数 250千字
2021年9月第1版 2021年9月第1次印刷
ISBN 978-7-5478-5457-0/TB·13
定价:180.00元

本书如有缺页、错装或坏损等严重质量问题,请向工厂联系调换

《船舶防腐蚀手册》编译委员会

顾　问

李懿文

主　任

李正建

副主任委员

（按姓氏笔画排序）

王杨志　徐海隆　梅中华

委　员

（按姓氏笔画排序）

王建华　王建国　吕立功　刘　鹤
孙书猛　吴航宇　阎逢元　潘晓平

《船舶防腐蚀手册》译审工作组

译 者
邵逸峰　方思敏　施　璟

主 审
李正建

组 长
田立群

副组长
（按姓氏笔画排序）
王建章　杜晓磊　张永胜　陈建华

组 员
（按姓氏笔画排序）
王永华　方思敏　左芳琪　石金龙　张书春
周　龙　周长江　赵宝祥　施　璟　黄有年

原 版 前 言

由于船舶和海洋工程结构承受着巨大的腐蚀压力,船东和船厂都对船舶的腐蚀防护有着很高的要求,严重的腐蚀会导致船舶结构失效,并带来巨大的经济风险。

一直以来我试图寻找相关的专业文献但没有收获,因此产生了自己来写关于船舶防腐蚀这样一本手册的想法。

本手册介绍了船舶防腐蚀的基础知识,从表面处理的准备到各种涂覆方法,再到检查工作,提供许多实用的插图说明了各项工作的步骤。此外,本手册以实践为导向,提供了计算基础,还介绍了国际通用的防腐蚀规范和标准。

本手册有助于评估船厂的工作结果,尤其是防腐蚀的质量。

塞巴斯蒂安·迪斯纳
于埃尔斯弗莱斯
2016 年 6 月

目 录

1 金属腐蚀 ··· 1
  1.1 基本知识 ·· 1
  1.2 钝态 ··· 3
  1.3 腐蚀类型 ·· 3
    1.3.1 均匀表面腐蚀 ·· 3
    1.3.2 沟槽腐蚀 ·· 3
    1.3.3 点蚀 ··· 4
    1.3.4 缝隙腐蚀 ·· 5
    1.3.5 电偶腐蚀 ·· 6
    1.3.6 机械应力腐蚀 ·· 6
    1.3.7 选择性腐蚀 ··· 7
    1.3.8 微生物诱导腐蚀 ·· 7
  1.4 防腐蚀方法 ·· 8
    1.4.1 结构防腐蚀 ··· 8
    1.4.2 材料防腐蚀 ··· 8
    1.4.3 涂层防腐蚀 ··· 9
    1.4.4 阴极保护 ·· 9

2 表面处理 ··· 11
  2.1 钢结构表面预处理 ·· 11
    2.1.1 焊接类型 ·· 11
    2.1.2 焊缝外部缺陷 ··· 12
    2.1.3 焊缝内部缺陷 ··· 13
    2.1.4 钢结构焊缝、边缘和其他有表面缺陷区域的预处理 ················· 13
  2.2 识别和清理表面污垢 ·· 18
    2.2.1 油、脂类污垢 ··· 19
    2.2.2 盐与硫酸盐污垢 ··· 20
    2.2.3 灰尘的污染 ·· 23
    2.2.4 冷凝水污染 ·· 23

目 录

    2.2.5　受损涂层系统的污染 …………………………………………… 25
  2.3　除锈方法和表面处理方法 ……………………………………………… 25
    2.3.1　ISO 8501-1：2007 标准规定的钢材锈蚀等级 …………………… 25
    2.3.2　喷砂 …………………………………………………………… 25
    2.3.3　高压水除锈 …………………………………………………… 33
    2.3.4　机械表面处理 ………………………………………………… 37

3　涂层材料 …………………………………………………………………… 41
  3.1　涂料成分 ……………………………………………………………… 41
  3.2　涂料固化类型 ………………………………………………………… 41
    3.2.1　氧化固化涂料 ………………………………………………… 42
    3.2.2　物理干燥涂料 ………………………………………………… 42
    3.2.3　化学固化涂料 ………………………………………………… 43
  3.3　涂料的种类 …………………………………………………………… 43
    3.3.1　环氧树脂涂料 ………………………………………………… 43
    3.3.2　聚氨酯涂料 …………………………………………………… 44
    3.3.3　聚酯涂料 ……………………………………………………… 44
    3.3.4　富锌涂料 ……………………………………………………… 44
  3.4　常见涂料的稳定性 …………………………………………………… 47
  3.5　涂料之间的兼容性 …………………………………………………… 47
  3.6　预涂底漆 ……………………………………………………………… 49
  3.7　洗涤底漆 ……………………………………………………………… 51
  3.8　涂料说明书 …………………………………………………………… 51

4　涂覆方法和膜厚测量 ……………………………………………………… 54
  4.1　涂覆方法 ……………………………………………………………… 54
    4.1.1　金属涂层 ……………………………………………………… 54
    4.1.2　粉末涂料 ……………………………………………………… 56
    4.1.3　液体涂料 ……………………………………………………… 57
  4.2　膜厚测量 ……………………………………………………………… 65
    4.2.1　湿膜厚度的测量 ……………………………………………… 65
    4.2.2　干膜厚度的测量（参考 ISO 19840：2012 标准）………………… 66

5　涂层缺陷 …………………………………………………………………… 70
  5.1　涂覆不当导致的涂层缺陷 …………………………………………… 70
    5.1.1　涂料流挂 ……………………………………………………… 70

    5.1.2 干喷 ·· 71
    5.1.3 涂层过厚及涂层开裂 ··· 72
  5.2 涂层上的气泡或孔洞 ·· 72
  5.3 涂层生锈 ·· 75
  5.4 涂层的内聚力及附着力导致涂层脱落 ·· 76
    5.4.1 划格法测定附着力 ··· 78
    5.4.2 X切割法测定附着力 ··· 80
    5.4.3 拉开法测定附着力和内聚力 ··· 82
  5.5 涂层开裂 ·· 86
  5.6 涂层粉化 ·· 86
  5.7 涂层上的针孔、缩孔和漏点 ·· 87
    5.7.1 用湿海绵孔隙测试仪进行孔隙测试 ·························· 88
    5.7.2 用高压孔隙测试仪进行孔隙测试 ································ 89
  5.8 起皱 ·· 90
  5.9 氧化固化涂层的皱皮 ·· 90
  5.10 胺类的析出 ·· 91
  5.11 凹坑 ··· 91
  5.12 金属切屑、金属喷料和锈粉的污染 ··· 92
  5.13 涂层灼伤 ··· 93

6 避免船体上附着海生物 ··· 95
  6.1 船体附着海生物 ·· 95
  6.2 自抛光型防污涂料 ·· 98
  6.3 污损释放型涂料 ·· 101
  6.4 防污涂料与涂料制造商对燃料节省的承诺 ·· 102
  6.5 预防海水管道及海工设备的海生物附着 ·· 102

7 标准和法规 ·· 104
  7.1 ISO 12944 标准体系——防护涂料体系对钢结构的防腐蚀防护 ····· 104
  7.2 防腐蚀标准 ·· 106
    7.2.1 造船业钢结构预处理标准 ·· 106
    7.2.2 表面处理标准 ·· 107
    7.2.3 涂料和涂层检验标准 ·· 109
  7.3 PSPC 的法律基础 ·· 110
  7.4 MSC 288(87)原油油船货油舱保护涂层性能标准的法律基础 ······ 110
  7.5 NORSOK M501——海洋工程防腐蚀标准 ··· 110

目 录

8 涂料的消耗量计算和选择经济性 ············ 111
8.1 涂料消耗量的计算 ············ 111
8.1.1 湿膜厚度的计算 ············ 111
8.1.2 涂料消耗量计算 ············ 112
8.1.3 涂料消耗量计算示例 ············ 115
8.2 表面积计算 ············ 117
8.3 选择涂料制造商的经济学基础 ············ 118
8.3.1 同类涂料产品的价格比较 ············ 118
8.3.2 防污涂料的价格比较 ············ 120
8.3.3 入坞时的产品选择 ············ 120
8.3.4 对比涂料制造商时考虑的其他因素 ············ 121
8.3.5 关于涂料制造商选择的结论 ············ 122
8.4 项目成本计算 ············ 122

9 检验 ············ 126
9.1 新造船的检验 ············ 126
9.1.1 各方在新船检验时的关注点 ············ 127
9.1.2 检验通知和执行 ············ 128
9.2 在船厂进行维修保养时的检验 ············ 128
9.3 防腐蚀检验员的资质 ············ 130

10 技术规格书 ············ 131
10.1 新船的技术规格书 ············ 132
10.2 入厂维修时的技术规格书 ············ 137

11 工作安全 ············ 139
11.1 预防跌落风险 ············ 139
11.2 预防火灾风险 ············ 140
11.3 涂料和稀释剂对健康的危害 ············ 140
11.4 处理表面时的安全事项 ············ 141
11.5 减少对环境的危害 ············ 141

12 船舶新造时的防腐蚀 ············ 142
12.1 防腐蚀流程 ············ 142
12.2 舱室的涂覆 ············ 148
12.2.1 符合 PSPC 的压载水舱和散货船空舱以及符合 MSC 87 的

　　　　原油船货油舱的涂覆 ·· 153
　　　　12.2.2　饮用水舱的涂覆 ·· 154
　12.3　底舱的涂覆 ·· 154
　12.4　水下船体的涂覆 ··· 155
　12.5　装货区域的涂覆 ··· 155
　12.6　符合 NORSOK M501 的涂层 ··· 155
　12.7　设备舱的涂覆 ·· 156
　12.8　绝缘表面的涂覆 ··· 156

13　船舶维修时的防腐蚀 ·· 158
　13.1　水下船体 ··· 158
　13.2　上层建筑与水线间 ·· 162
　13.3　甲板表面的涂层 ··· 163
　13.4　底舱涂层的维修 ··· 165
　13.5　储舱和货舱涂层的维修 ·· 166

14　由船员执行的防腐蚀工作 ·· 169

15　文档记录 ··· 173
　15.1　符合 PSPC 和 MSC 288(87)标准的新船文档记录 ······································· 174
　15.2　维修时的文档记录 ·· 180

1 金属腐蚀

1.1 基本知识

金属腐蚀是"金属与周边环境之间的一种物理化学现象,会导致金属自身性质变化,并影响金属、周围环境或技术系统的性能"。钢广泛应用于工业和造船业,主体由铁添加其他元素如碳、硅、锰及其他合金元素组成。钢在制造过程中需要消耗大量热能,金属材料在此过程中会到达较高能级,其相对于构成材料的基态更不稳定。钢材产生锈蚀是由于金属元素谋求恢复至稳定状态。腐蚀过程通常取决于金属材料的组成成分。金属与水的接触过程中,有释放带电原子的趋势,金属元素惰性越强,这种趋势就越弱。惰性金属包括一些贵重金属,如金和铂。非惰性金属,如铝和锌,会在与水的反应中释放大量离子。离子交换的过程即所谓的氧化还原反应。

在一定的时间内,水溶液中金属离子交换过程会达到一个相应的电平衡。当溶液中溶解的金属离子与金属分离的离子数相等时,就会出现这种电位平衡。电位平衡会受到压力、温度及电解质浓度的影响。

金属与水溶液(电解液)之间的界面被称为电极。测量金属电势需要引入第二个电极作为参比电极。通常采用标准氢电极作为标准电极来测定电极电势。

通过使用实验装置(图1.1)在相同的实验条件下测得的电压可以获得一系列电化学势数值,同时也可以根据这些金属的标准电极电势值将它们进行排序。

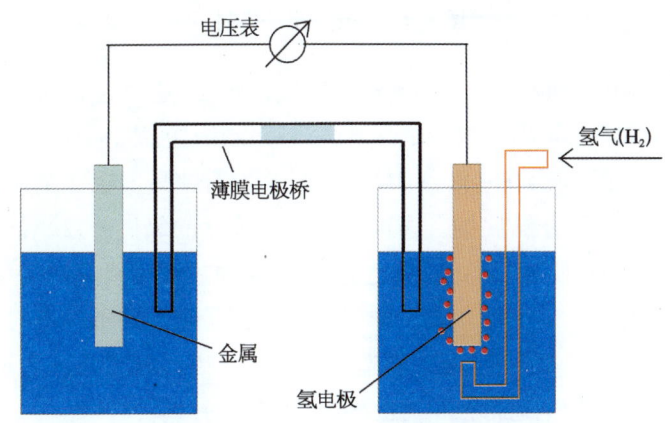

图1.1 标准电极电势测量示意图

1 金属腐蚀

从电化学电势序列可以得出一种金属与另一种金属的位置关系(图1.2)。据此可知两种金属中哪个是惰性金属(阴极),哪个是非惰性金属(阳极),对海船进行防腐蚀保护时,可以利用这种关系。可在船体水下部分的特定位置(如舵或海水箱)安装牺牲阳极装置,它通常由金属锌构成。金属锌代替更惰性的钢材先被腐蚀,以此保护该区域镀层破损处的钢材,这也被称为电偶腐蚀。如果两种不同标准电极电势的金属相互结合,并且它们能与外部环境发生反应,则会发生一些极端腐蚀现象。为了减重,造船行业中会使用部分铝制部件,如客轮上的桅杆。通常会在铝制部件与钢部件连接处的镀层破损部位存在着严重的腐蚀问题。此外,与氢电极的电势差值也代表着金属在酸液中的稳定性。如果金属的活性比氢电极高,则金属可溶解于酸液,金属受到酸液腐蚀时会释放出氢。因此,储存强酸的储罐通常需要由特殊的合金制成。

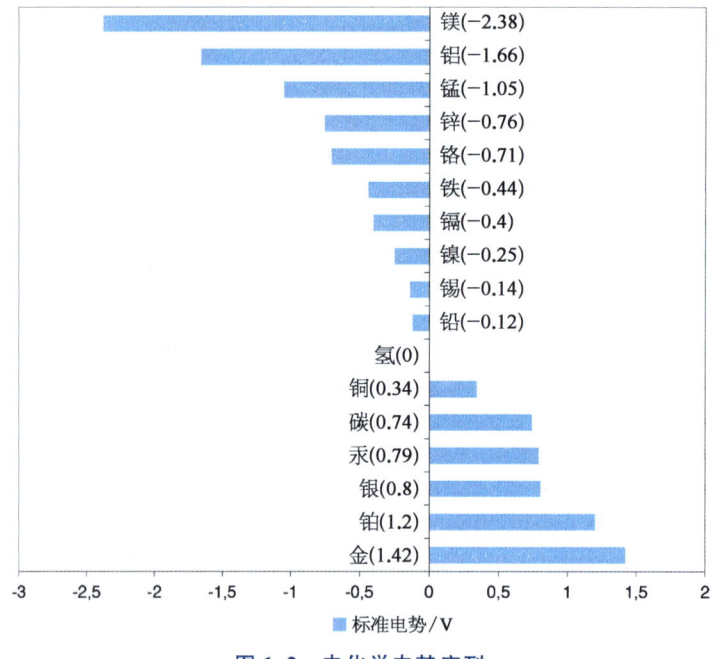

图1.2 电化学电势序列

pH越低,金属腐蚀得越快。金属主要发生氧化腐蚀,这个过程需要水溶液的参与,水溶液可能存在于大气(降雨,空气中的水蒸气)或是湖泊、河流、海洋等。通常,标准电极电势低于+0.82 V的金属会在水溶液中被腐蚀,这种腐蚀只发生在金属表面,而当金属有保护层时可减少甚至防止被腐蚀。腐蚀反应需要连续的氧供给,缺氧环境可大大减缓腐蚀过程。在船舶上的封闭钢制货舱中是危险的,腐蚀过程会降低货舱中的氧含量。由于这个原因,造船行业中,一定尺寸大小的焊接"死区"是被允许的。有时,某些特制粉末可用来降低这种空间内的氧含量,通过创造缺氧环境可以在封闭死区后把腐蚀减小到最低程度。暴露于空气中的钢通常在相对湿度高于60%时被腐蚀。

根据材料性质的不同,一块金属中可能存在不同的易腐蚀元素。如果金属中电子传导性较强，则会加快腐蚀进程，因此在一块金属内可以存在不同的阳极和阴极。

因金属元素种类不同，腐蚀产物看起来也不相同。铁元素含量高的钢材腐蚀产物是铁锈，铜的腐蚀产物是铜绿，锌的腐蚀产物是白锈。

1.2 钝态

虽然有些金属是非惰性的，但它们却特别耐腐蚀。这是因为在特定情况下，金属腐蚀产物在其表面形成一个保护层，阻止金属进一步被腐蚀。因此，生产耐腐蚀钢材（如不锈钢）时会加入作为合金元素的铬或镍。

为了保证钝态金属的耐腐蚀性，必须维持其钝态层的存在。301不锈钢不适合用作海洋空气环境下的无镀层钢制件，因为空气中的盐分会破坏钝态层并导致点蚀或是应力裂纹。当没有镀层保护而暴露于海洋空气环境中时，船舶应使用301不锈钢。为了避免钝态层被破坏，一方面应注意确保船体保持电流隔离，另一方面保证不可以有铁制品破坏钝态层。在造船厂或船上，不锈钢的钝态层很容易被打磨产生的钢屑损坏，这会导致点蚀。

一般情况下，应避免不锈钢表面受到污染。污染主要来自油、脂、油漆颗粒、焊接飞溅物及外来锈迹。根据所使用合金材料的不同，不锈钢表面可能还会受到氯化物（如海水）和褪色污染。

有一种耐蚀钢中添加了铜，它们通常被用于制作艺术品。该材料表面会形成深锈红色的腐蚀层，继而阻止金属被进一步腐蚀。但是，这些钢材不耐海水，因此不能用于海船。使用这种耐蚀钢时，应注意保持干燥，其表面不可以长时间残留水分。

1.3 腐蚀类型

以下是造船行业中常见的腐蚀类型。

1.3.1 均匀表面腐蚀

由于金属的分子结构，金属表面上的阳极和阴极不断交替变化，从而导致金属表面被均匀地侵蚀（图1.3）。

根据环境条件和材料特性的不同，腐蚀速度也不同。通常会以年/mm为单位来计算材料被侵蚀的速度。

1.3.2 沟槽腐蚀

沟槽腐蚀是一种特殊的表面腐蚀形式。材料成分的不规则性引发了不规则的表面腐

1 金属腐蚀

图 1.3 均匀表面腐蚀

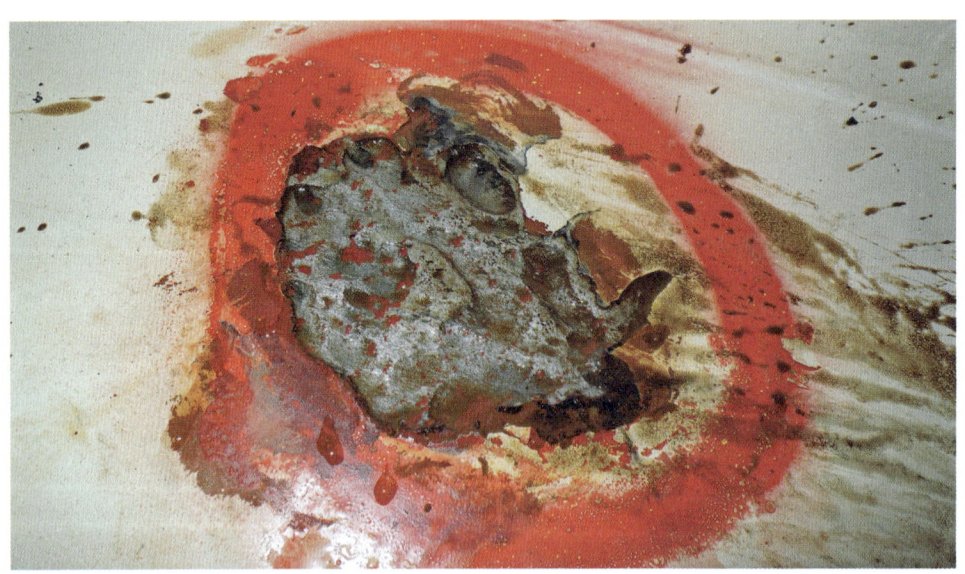

图 1.4 沟槽腐蚀

蚀,因而形成沟槽腐蚀(图 1.4)。在涂层缺陷处也会发生这种腐蚀。

1.3.3 点蚀

点蚀的原因可能有多种。对于钝态层而言,主要取决于其是否导电。如果钝态层具有导电性,则会在钝态层破损处快速发生点蚀。发生点蚀处进入小孔的氧气较少,不利于小孔内部再次发生钝化,因此,腐蚀集中在很小的范围内,并迅速深入到金属内部。表面涂层系统的不同点受损,且受损点无关联,如果该涂层系统置于电解液中,那么受损点也会发生点蚀(图1.5)。这种腐蚀经常出现在满载的船舱内,例如压载水舱、舱底水舱和黑水舱等。

图1.5 点蚀

(表面经喷砂处理后,点蚀清晰可见)

1.3.4 缝隙腐蚀

缝隙腐蚀通常发生在容易积水的缝隙处以及涂层系统非完好的区域(图1.6)。为了防止这种类型的腐蚀,应避免结构中湿度超过40%的区域出现缝隙。

图1.6 缝隙腐蚀

1.3.5 电偶腐蚀

电偶腐蚀也称为接触腐蚀。当电化学电势序列表中的两种不同电势金属相互接触并且同时处于腐蚀性环境中时,会发生电偶腐蚀。

图1.7显示了铝制桅杆与钢制船身焊接处发生的腐蚀。如果涂层系统受损,那么非惰性的铝会被快速腐蚀。

图1.7 铝-钢结构发生电偶腐蚀

如果金属间的电势差很小,那么这些金属可以相互接触。此时应注意,惰性金属的质量应低于非惰性金属的质量。例如,不锈钢螺钉可以旋入铝合金结构,反过来,铝制螺钉(事实上由于铝的强度较低,并不适合制成螺钉)若旋入不锈钢结构中,则很快会被腐蚀。

图1.8中,不锈钢螺钉并未与铝结构进行电偶隔离,但不锈钢螺钉与钢之间使用了塑料垫片隔离。图中的塑料垫片涂有红棕色防锈底漆。

1.3.6 机械应力腐蚀

如果零件和焊缝承受的机械负荷较高,则金属或焊缝内部可能会形成裂纹,这种裂纹通常出现在货舱下方的双层舱壁式舱体中。如果已经出现腐蚀,结构强度被削弱,那么受力面下方的框架上很可能会出现裂纹。另外,因船舶在海浪中航行受到的扭转应力及螺旋桨附近产生的扭转应力,或是在不利的振动条件下,船舶构件对接处,特别是焊缝处,容易产生裂纹。在裂纹孕育阶段,肉眼几乎看不见这种裂纹。如果怀疑某处可能产生了裂纹,那么可以对其进行裂纹检测。一旦形成了肉眼可见的裂纹,那么必须经船级社鉴定并更换金属材料。

1.3 腐蚀类型

图1.8　不锈钢螺钉与铝合金、钢接触

1.3.7　选择性腐蚀

发生选择性腐蚀时,非惰性元素优先溶解,惰性元素则残留下来。如此,结构上会产生很多小孔。如果切开材料,可在发生选择性腐蚀的区域看到金属变色,但光从外部很难识别选择性腐蚀。因此,有些管道,例如铜合金管道,发生泄漏或强度变小时,很可能就是发生了选择性腐蚀。铜锌合金的脱锌就是选择性腐蚀的一个典型例子,如要预防选择性腐蚀,可以涂覆有效的涂层系统或进行阴极保护,当然也可以选择另一种材料制造管道或容器。

1.3.8　微生物诱导腐蚀

微生物诱导腐蚀是由微生物引起的材料腐蚀(图1.9)。这种类型的腐蚀通常由微生

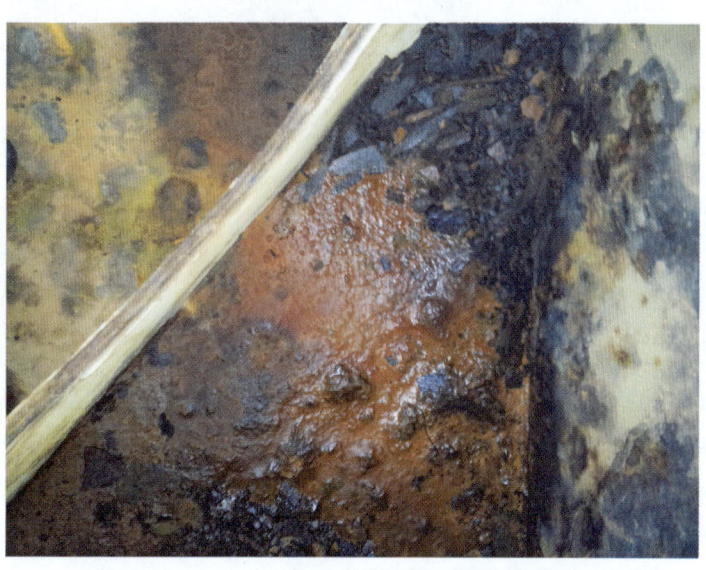

图1.9　压载水舱内出现的微生物诱导腐蚀

1 金属腐蚀

物的代谢产物引发,代谢产物可能具有强酸性,可使腐蚀更加严重并导致点蚀。静水中更易发生这种类型的腐蚀。

1.4 防腐蚀方法

有很多减缓或预防腐蚀的方法,其中包括:结构防腐蚀、通过材料的选择进行防腐蚀、涂层防腐蚀、阴极保护。

1.4.1 结构防腐蚀

结构防腐蚀是重要的防腐蚀手段,ISO 12944-3 对其进行了相关规定。采用适当的设计和建造方法,可优化防腐蚀保护。

结构物需满足以下要求:

① 必须采用合理的设计以确保可以进行表面处理和涂层施涂,例如预留施工通道、保证最小施工间距等。

优化结构的形状和设计,以尽可能减小腐蚀风险。应尽量减少积水和集水处,如无法减少,则应设计排水。

② 仅在没有腐蚀风险或腐蚀风险很小的区域允许存在连接缝。

③ 仅在腐蚀风险较小的区域允许存在缝隙、间断焊、点焊和螺钉连接;否则,应优先使用连续焊接。

④ 应避免焊缝的表面缺陷,例如气孔和焊接飞溅物等。应切削锋利的边缘,最好打磨成圆角。造船标准及 ISO 8501-3 标准中都有关于表面缺陷的规定。应尽量避免所谓的"焊接死区",否则氧气和湿气会残留在内。为了预防腐蚀,可在焊接前使用物质吸收氧气。

⑤ 应避免接触腐蚀(电偶腐蚀)。如果无法避免,则应使焊缝符合 ISO 8501-3 标准中所规定的 P3 等级,并应使用涂层材料建立与腐蚀环境间的屏障。对于螺钉连接,应使用特殊的塑料垫片防止金属与金属的接触。

⑥ 在管道结构中,应使用合适的设计控制和减少湍流。还应避免 90°弯,因为 90°弯处易产生湍流,金属冲刷较严重。

1.4.2 材料防腐蚀

根据使用环境的不同,可以选择合适的材料预防腐蚀。例如,船舶通海格栅可以使用 301 不锈钢。在海水的高腐蚀性环境中,可以使用钝化层不会受到海水侵蚀的这一类金属。此外,为金属材料涂覆涂层能进一步预防腐蚀。以船舶储舱管道及管道支架为例,可以根据储舱及管道内介质的不同,使用非钢材质制造管道及其支架。如果管道及其支架均由优质合金钢制成,将非常有利于预防腐蚀。

1.4.3 涂层防腐蚀

造船行业中有两种涂层保护类型。第一类涂层材料可在元器件与腐蚀性环境之间形成保护屏障,在造船业中,这类涂层材料主要为双组分环氧涂料。第二类涂层材料中的某些成分会牺牲电子,从而形成保护屏障,这类涂层材料主要为富锌涂料(环氧锌与硅酸锌),其锌含量超过80%。不应混淆富锌涂料与铝颜料,后者的铝含量低于10%,可形成防水屏障。

1.4.4 阴极保护

阴极保护主要用于保护处于液态介质中的金属。对于船舶而言,需要保护的部位通常包括位于水下部分的船体、液货舱及压载水舱。

阴极保护的基本原理是向被腐蚀金属表面施加一个外加电流,使被保护金属成为阴极,从而避免腐蚀的发生。

在图1.10中可以看到一个椭圆形的阳极和一个较小的参比电极,参比电极是可用于监测外部电极的装置。螺旋桨、螺旋桨轴和舵必须接地。大多数船舶会在船尾的左右舷对称布置一组阳极和参比电极。也可以根据船舶的大小,在船首区域或船侧布置多组阳极和参比电极。

图1.10 外部电极装置

一般而言,船舶安装外部电极装置是一种经济性较好的投资,可以保护带涂层的水下船体免受严重腐蚀。此外还有一种做法是将非惰性金属(如锌、铝)连接到被腐蚀金属上作为牺牲阳极(图1.11)。锌阳极也能起到保护水下船体的作用。在安装有外部电极装置的船上,舵、船首推进器或海水箱经常布置锌阳极或铝阳极。每次入坞停靠时,需要检

1　金属腐蚀

查这些牺牲阳极并进行必要的替换。牺牲阳极或外部电极装置可在涂层损坏的情况下防止腐蚀的加剧。锌阳极或铝阳极也可在压载水舱内涂层系统受损之初减缓侵蚀的速度。

图 1.11　水下船体上布置的锌阳极

2 表面处理

涂覆涂层之前,需要对表面进行处理,包括:表面缺陷处理(去除尖锐的边缘、清除焊接飞溅等);去污(油、脂、水分、盐、灰尘、污垢等);去除锈蚀,使表面获得一定的粗糙度。

表面处理在很大程度上影响了防腐蚀系统的寿命,因此必须谨慎地选择表面处理方法。若表面处理不当,可能会导致起泡、附着失效、涂层剥落或涂层下锈蚀。

2.1 钢结构表面预处理

根据涂层系统和表面的腐蚀风险不同,分别有不同的钢结构表面预处理方法。

本章主要介绍造船行业常用的焊接类型,并介绍了 ISO 8501-3:2006《涂装油漆和相关产品前钢基材的制备—表面清洁度视觉评价 第3部分:焊缝、切缘及其他表面缺陷部位的处理等级》相关内容。

2.1.1 焊接类型

造船行业及海工行业常用的焊接方法有两种:焊条焊接和熔化极气体保护焊接。焊条焊接属于电弧焊的一种。熔化极气体保护焊接可分为熔化极活性气体保护焊(MAG)和熔化极惰性气体保护焊(MIG)。此外,还有钨极惰性气体保护焊(TIG),在对焊缝质量要求极高时(如制造管道时),可使用 TIG。使用 TIG 焊接法从外部焊接管道时,可在管道内部形成一道非常光滑的焊缝,从而可以避免管道中介质产生涡流而冲刷金属材料。

2.1.1.1 手工电弧焊

手工电弧焊是利用焊条与被焊接工件之间的电弧热量熔化金属进行焊接的方法。通过夹具将工件连接到焊接电源。焊条通过电焊钳连接到焊接电源,焊接电源可为焊条提供 15~500 A 的电流以及 15~100 V 的电压。当焊条接触工件时,发生短路,焊条顶端温度骤然升高,使空气电离产生电弧。焊条材料熔化后涂覆在工件表面。在手工电弧焊过程中,融化的焊条药皮会在焊缝上形成固体熔渣,熔渣需立即清除。实践中,仅在小型焊接作业中使用手工电弧焊。手工电弧焊的焊接速度比 MAG 慢,此外,MAG 和 MIG 的焊缝表面也更加均匀。

2.1.1.2 熔化极活性气体保护焊和熔化极惰性气体保护焊

进行 MAG 和 MIG 操作时,焊接部位由保护气体覆盖,利用焊丝与工件之间的电弧

2 表面处理

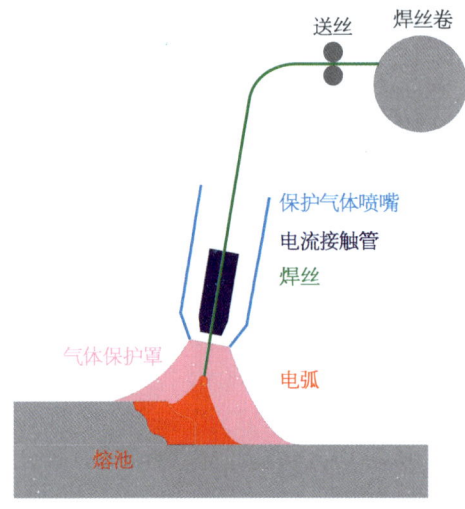

图 2.1 熔化极气体保护焊的基本原理

热量熔化焊丝并在工件表面形成焊缝。

图 2.1 中绿色部分为焊丝,焊丝是形成焊缝的材料。焊丝卷可以自动送丝。图中粉红色部分表示气体保护罩,它可以保护熔池免受周围空气中氧气的氧化。焊接过程中不产生熔渣。形成接缝所需的时间比用棒状焊条焊接时要短得多。

MAG 与 MIG 使用的保护气体不同,这是两者的区别所在。MAG 可使用的保护气体包括:混合 18% 二氧化碳的氩气,混合 8% 氧气的氩气,二氧化碳。

以何种混合比例选用何种保护气体,不同的选择会影响焊缝夹渣及气孔的形成。MAG 主要用于非合金和低合金钢的焊接。MIG 主要用于高合金钢、有色金属和铝合金的焊接。如果使用惰性保护气体,则不会发生化学反应。惰性保护气体主要包括氩气和氦气。

2.1.2 焊缝外部缺陷

检查钢结构质量时,须检查焊缝外部缺陷。在建造船舶或海工装备时,如果焊缝外部缺陷涉及船舶或装置的结构,那么船舶或装置的入级也会受到影响。验收时,应与船级社检验人员共同检查钢结构,这一点至关重要。

图 2.2 所示焊缝无缺陷,焊缝高度、熔深均符合要求。

图 2.2 优质焊缝示例　　　　　　图 2.3 烧穿

图 2.3 所示熔深过大。实践中,可将陶瓷垫板衬在工件底部,这样可以有效防止烧穿。

图 2.4 所示焊缝过高不利于防腐蚀。过高的焊缝会使可涂覆防腐层的厚度较小。此外,焊趾处易沉积沉淀物。

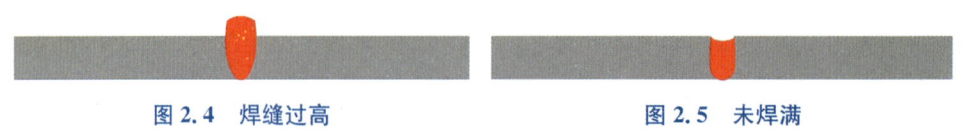

图 2.4 焊缝过高　　　　　　图 2.5 未焊满

图 2.5 所示焊缝未焊满,导致焊接不牢固。为此,通常可打磨两个工件的边缘,从而形成 V 形坡口。焊接 V 形坡口时可形成 V 形焊缝。

图 2.6 所示未焊透通常由焊接材料不足引起。

2.1 钢结构表面预处理

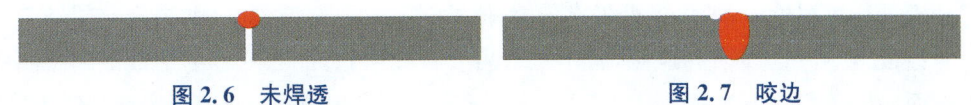

图 2.6　未焊透　　　　　　　　图 2.7　咬边

焊接温度过高可能会导致咬边,如图 2.7 所示,即沿焊缝在母材上形成缺口。这种情况下,需要再次焊接填充缺口。

2.1.3　焊缝内部缺陷

从外观无法看到焊缝内部缺陷,也就是说,进行焊缝目视检验时,无法用肉眼发现内部缺陷。因此,需要对焊缝进行超声波和 X 射线抽样检验,主要检验对象为船体水下部分外壳上的焊缝。

焊接时(主要为 MAG)有些使用的混合气体,易在焊缝中形成空穴(图 2.8)。如果气孔位于焊缝表面,则经过喷砂后,部分气孔会暴露出来。

图 2.8　气孔 　　　　　　　　图 2.9　夹渣

根据焊接环境的清洁程度不同,可能会在焊接时形成不同程度的夹渣(图 2.9)。

焊缝形成于极高的温度下。因此,当焊缝冷却收缩时,焊缝内部可能会产生收缩裂纹(图 2.10)。

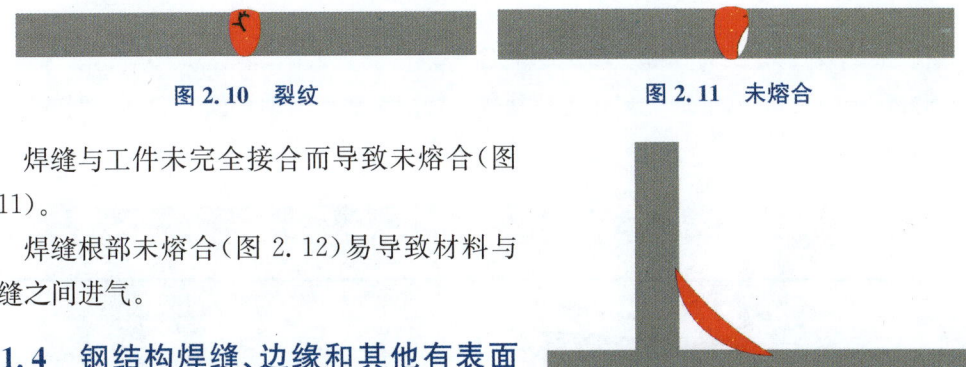

图 2.10　裂纹　　　　　　　　图 2.11　未熔合

焊缝与工件未完全接合而导致未熔合(图 2.11)。

焊缝根部未熔合(图 2.12)易导致材料与焊缝之间进气。

图 2.12　焊接根部未熔合

2.1.4　钢结构焊缝、边缘和其他有表面缺陷区域的预处理

ISO 8501-3 标准中规定了三种预处理等级：P1、P2 和 P3。P1 代表最低处理标准,P3 代表最高处理标准。

① P1 表示在涂覆涂料之前无需或仅需进行少量的钢结构预处理。

② P2 表示大多数缺陷都已修正。

③ P3 表示表面没有明显的可视缺陷。

该标准主要涉及以下部位的缺陷：焊缝,边缘,其他有表面缺陷区域。

图 2.13 摄于某货舱内,该货舱进行了 SA2½级喷砂,预处理等级为 P3。有些区域的

2 表面处理

焊缝较难进行目视检验,可以借助带有伸缩杆的可控镜面进行查看。如果没有辅助工具,焊工难以发现这些区域内的瑕疵,若不采取后续补救措施,那么就容易形成缺陷。图中,借助镜面看到了焊缝上的两个气孔,这两个气孔位于剪切边缘处,而剪切边缘有锐边。P3预处理等级规定,边缘应进行圆滑处理,半径2 mm。也可以以一定角度打磨边缘,形成近似的倒圆角。可以使用电磨打磨剪切边缘。剪切边缘的表面可以看到焊渣的残留。

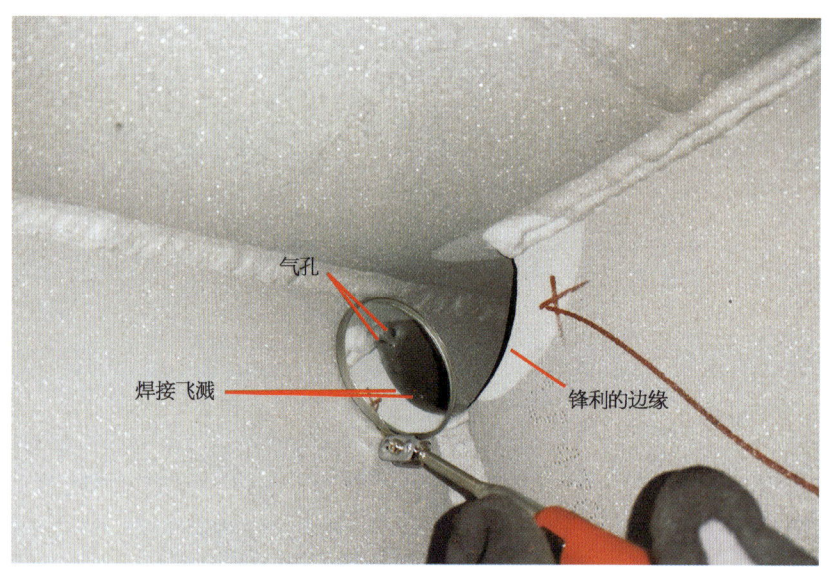

图 2.13 钢结构缺陷示例

图 2.14 中有一处缺失焊缝。漏焊在 ISO 中未被列为缺陷,但在所有预处理等级中,漏焊都被认定为缺陷,必须通过焊接进行补救。特别是在不借助镜面无法查看到的区域,漏焊时有发生。

图 2.14 漏焊

图 2.15 管孔/气孔

进行熔化极气体保护焊接时,焊缝表面可能会出现管孔(图 2.15)。如果焊缝未喷砂,则很难发现这些气孔。通过喷砂处理,焊缝中的一些气孔会显露出来。

即使已经喷涂过表面,也可以清楚地看到咬边(图 2.16)。焊接时高温烧熔钢板形成的小缺口即为咬边。修正时,必须通过焊接去除涂层材料和咬边。

2.1 钢结构表面预处理

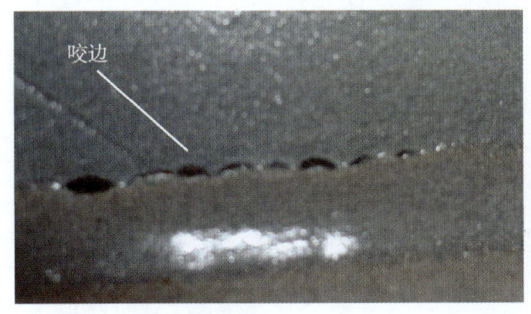

图 2.16 咬边

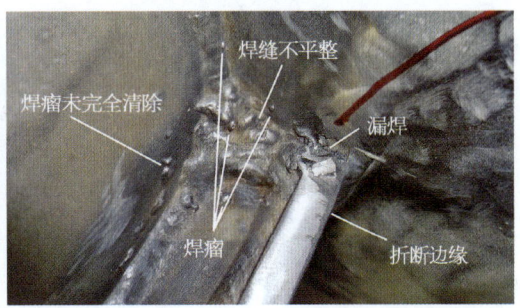

图 2.17 焊缝

图 2.17 所示的焊缝并不平整,其中有一小段漏焊,存在多处焊瘤。边缘被折断而未处理成圆角,折断边缘易形成锐边。倒圆角处理时,应将打磨机保持在合适的角度,或使用电磨倒圆边缘。

图 2.18 所示为经滚边处理后的型材边缘,滚边半径小于 2 mm。该表面符合 P2 等级的要求,但不满足 P3 等级要求。

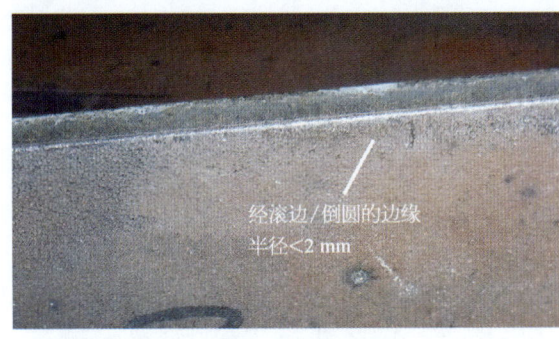

图 2.18 滚边

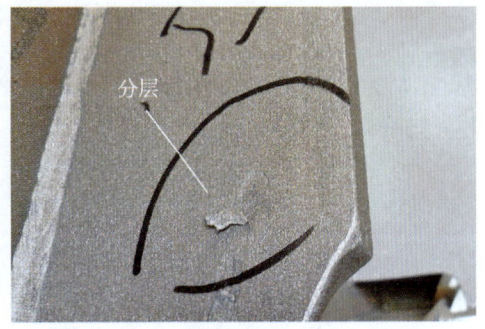

图 2.19 分层

图 2.19 所示可以看到分层。其他金属块滚压到金属表面,或是表面凸起一薄层,从而形成分层。分层处须打磨平整。

表 2.1 为 ISO 8501-3:2007 标准对不同表面处理等级的要求。

表 2.1 缺陷及处理等级

缺陷类型名称与图示	处理等级		
	P1	P2	P3
1 焊缝			
1.1 焊接飞溅物 (a) (b) (c)	表面应无任何疏松的焊接飞溅物(图 a)	表面应无任何疏松的和轻微附着的焊接飞溅物(图 a、b),图 c 显示的焊接飞溅物可保留	表面应无任何焊接飞溅物

2 表面处理

(续表)

缺陷类型名称与图示	处理等级		
	P1	P2	P3
1.2 焊接波纹/表面成形 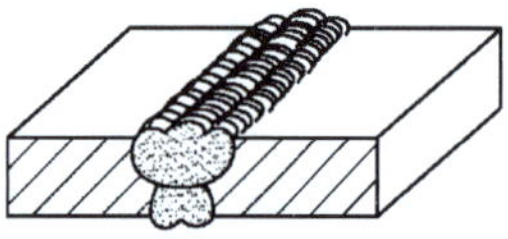	不需处理	表面应去除(如采用打磨)不规则的和尖锐的边缘部分	表面应充分处理至光滑
1.3 焊渣 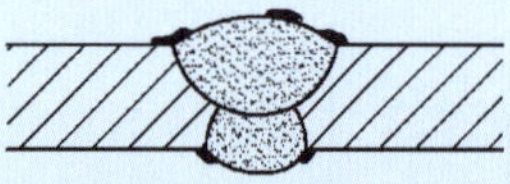	表面应无焊渣	表面应无焊渣	表面应无焊渣
1.4 咬边 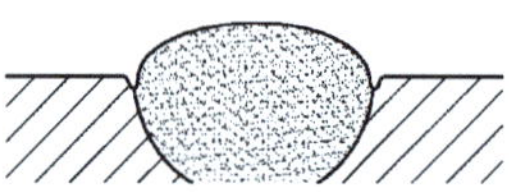	不需处理	不需处理	表面应无咬边
1.5 气孔 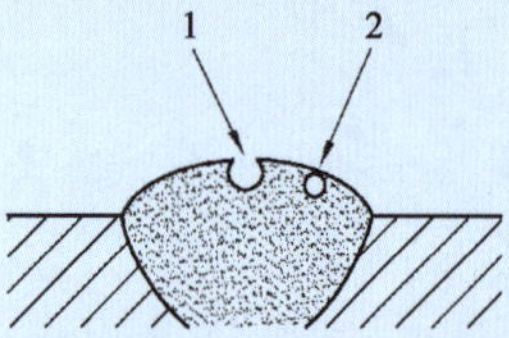 1. 可见孔 2. 不可见孔(可能在喷砂后打开)	不需处理	表面的气孔应被充分打开以便涂料渗入	表面应无可见的气孔
1.6 弧坑 	不需处理	弧坑应无尖锐边缘	表面应无可见的弧坑
2 边缘			
2.1 碾压边缘 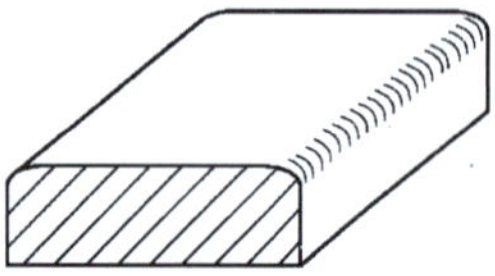	不需处理	不需处理	边缘应进行圆滑处理,半径≥2 mm (ISO 12944-3)
2.2 冲、剪、锯或钻切边缘 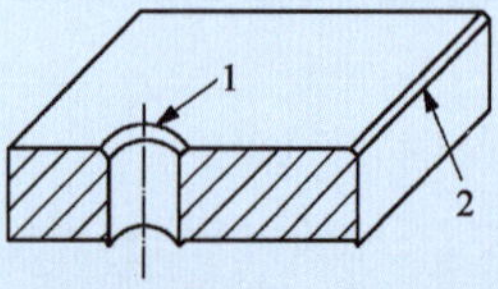 1. 冲压边缘 2. 剪切边缘	无锐边;边缘无毛刺	边缘需光滑	边缘应进行圆滑处理,半径≥2 mm(ISO 12944-3)

2.1 钢结构表面预处理

(续表)

缺陷类型名称与图示	处理等级 P1	处理等级 P2	处理等级 P3
2.3 热切边缘 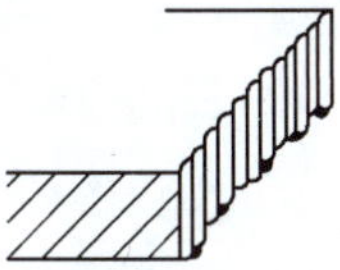	表面应无残渣或疏松剥落物	边缘应无不规则粗糙度	应打磨切割面,边缘应进行圆滑处理,半径≥2 mm(ISO 12944-3)
3 一般表面			
3.1 麻点和凹坑 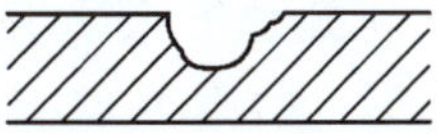	麻点和凹坑应被充分地打开以便涂料渗入	麻点和凹坑应被充分地打开以便涂料渗入	表面应无麻点和凹坑
3.2 剥落 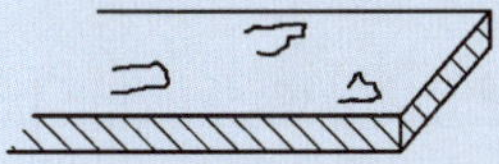	表面应无翘起物	表面应无可见的剥落物	表面应无可见的剥落物
3.3 轧制翘起/夹层 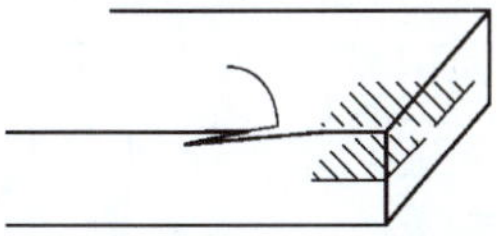	表面应无翘起物	表面应无可见的轧制翘起/夹层	表面应无可见的轧制翘起/夹层
3.4 碾压杂质 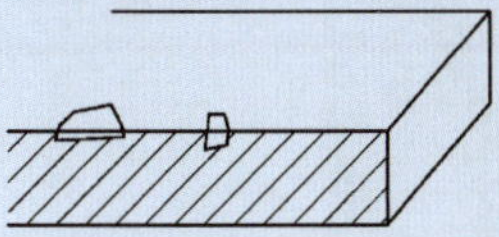	表面应无碾压杂质	表面应无碾压杂质	表面应无碾压杂质
3.5 凹槽和沟 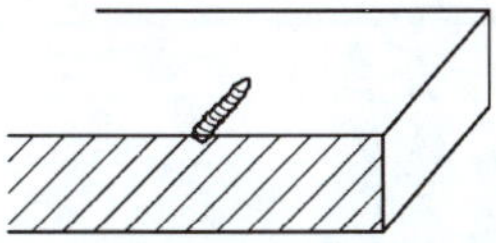	不需处理	凹槽和沟半径应不小于2 mm	表面应无凹槽,沟的半径应大于4 mm
3.6 凹痕和压痕 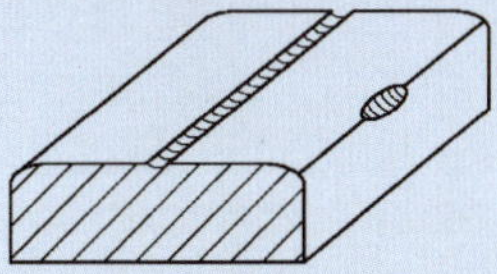	不需处理	凹痕和压痕应进行光滑处理	表面应无凹痕和压痕

表2.1描述了焊缝、边缘和一般表面的各种缺陷。根据待涂覆区域的不同,应参考相应的处理等级要求。应根据不同的腐蚀环境和耐久性要求选择不同的处理等级。

2 表面处理

图 2.20 对某个船体部位进行钢结构检验

检验时,有时很难发现焊缝上的缺陷如气孔和焊瘤等。这可能是因为船体分段位于室外而导致焊缝生锈,或是焊缝上的污垢覆盖了本就微小的焊瘤和气孔,且焊缝区域及焊缝(未经喷砂处理)本来就比较暗。图 2.20 为一艘新造船的某个部位,该部位已经可以进行钢结构检验。检验前,应清理焊缝上的焊渣,以使焊缝清晰可见。此外,检验时应有充足的照明。在此阶段,应根据相应处理等级要求完成所有边缘的加工。如果处理等级为 P2 及以下,那么在检验过程中直接发现缺陷的可能性非常高。

如果处理等级非常高,例如 P3 等级,建议对焊缝进行预喷砂处理。这样做的目的是使焊缝缺陷,如焊瘤、气孔等,更容易被检测出来。

图 2.21 所示的舱室需符合 P3 处理等级要求,舱室中的焊缝经过喷砂处理。此后将进行钢结构的后续处理。

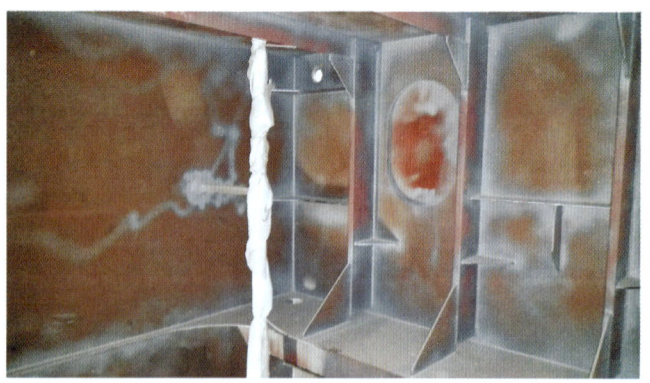

图 2.21 某舱室中已经喷砂处理的焊缝

2.2 识别和清理表面污垢

在涂覆涂层之前,须清除表面污垢,以确保涂层系统的持久耐用。本小节将介绍检查及清除各类污垢的方法。

2.2.1 油、脂类污垢

涂层材料无法黏附在油、脂上。

图 2.22 所示为某经过喷砂处理后的表面被脂类和灰尘污染,环氧涂层尚未完全硬化,但已经可以像薄膜一样从表面剥离。

因此,去除表面油、脂类污垢是非常重要的。判断表面是否受污染时,一来可以观察表面是否变色,二来可以向表面喷水。喷水法可以更加可靠地判断表面是否被油、脂污染。

如果喷水后形成小水珠,则表面可能已被油、脂污染。图 2.23 清楚地表明,左侧的金属表面被油污染了。如果喷水后水均匀流动,

图 2.22 涂料在灰尘与油污上的附着力

则受油、脂污染的可能性很小,如图 2.23 中的右侧所示。可以使用记号笔在金属表面画一条线(图 2.24),如果部分表面上的线条在短时间内变细,则表明这部分表面受到了污染。

图 2.23 向被油、脂污染的表面喷水

图 2.24 用记号笔在受污染的表面画线

2 表面处理

在进行任何表面处理（如喷砂或打磨）之前，首先要清除表面上的油或脂。如果在清除油、脂之前先对表面进行了除锈，那么油、脂会更深地进入表面。

可以采取以下措施去除污染物：

① 使用溶剂除去油脂。
② 使用水溶性化学品去除油脂，这类化学品可分解油脂或将油脂混合成乳浊液。
③ 使用热蒸汽清洁油脂。

若使用化学品除污，那么之后必须用淡水彻底清洁表面。需严格按照厂商提供的产品使用说明进行清洁。

可以使用 pH>10 的碱性清洁剂有效地清洁钢材。对于轻金属而言，清洁剂的 pH 应为 8~10，以免腐蚀基材。

使用乳化清洁剂可以有效清除油、脂。为了达到有效清洁的目的，应遵循产品使用说明。建议按以下步骤进行清洁：

① 使用清洁剂之前，应保持表面干燥。
② 应自下而上涂抹清洁剂。清洁人员必须穿戴合适的防护服。整个表面必须系统性润湿。
③ 应预留足够的时间以使清洁剂彻底浸润表面。使用乳化清洁剂时，应注意不要使清洁剂在表面上干燥。
④ 用淡水彻底清洗表面，使用热水效果更佳。对于乳化清洁剂，水温不宜超过 50℃。

如果出现油脂渗入涂层的情况，那么仅去除表面的油脂污垢是不够的。这种情况下必须打磨或去除涂层材料，从而彻底清除油、脂。

2.2.2 盐与硫酸盐污垢

如果在有盐类污垢的表面涂覆涂层，则会影响防腐性能。焊接烟尘、海水、黑水、灰水以及含盐空气都会在金属表面形成盐，受盐的影响，涂层在表面的附着力降低。在某些情况下，表面介质和受污染表面之间会发生渗透作用。此时，涂层类似一层膜，这将导致涂层起泡。

图 2.25 所示为一个起泡严重的黑水舱。气泡破裂的地方会出现点蚀。由图片可以猜测涂层下方的金属表面被硫酸盐和盐污染。如果焊缝上出现气泡，则表明焊接烟尘未清理干净。

(1) 清除盐和硫酸盐。

通过淡水高压清洗可以有效去除盐和硫酸盐。在船厂中，通常可使用 35~500 MPa 的水压。因表面出现点蚀和气泡而需要再次涂覆涂层的区域，仅使用高压水清洗是不够的。此时，可以使用水压超过 210 MPa 的超高压水清洗，清洗过程中，旧涂层也被去除。但是，此方法仅适用于光滑表面，且需要有足够空间来使用喷枪。在储罐中，可以通过使用锋利的喷砂介质进行喷砂处理来去除旧涂层，同时去除点状腐蚀，之后，必须高压水清洗水箱。

2.2 识别和清理表面污垢

图 2.25 残留盐及硫酸盐的表面出现气泡

（2）使用布雷斯勒法测定表面上的盐和硫酸盐浓度。

布雷斯勒法可用来确定表面的盐度是否低于规定的上限值，这是一种水溶性盐电导率的现场测试方法。布雷斯勒法符合 ISO 8502-6：2006 标准。测试时，需要使用以下材料：

① 符合 ISO 8502-6：2006 附录 A 标准的自粘式布雷斯勒片。

② 可以容纳 30 mL 液体的量杯，可以测量 10 mL、15 mL、20 mL、25 mL 和 30 mL 的液体。

③ 多个或一次性注射器，针筒最大容量为 8 mL，注射针头的最大直径为 1 mm，针筒最大长度为 50 mm。

④ 溶剂。对于水溶性盐，通常可使用蒸馏水或脱离子水。

⑤ 具有温度补偿功能的电导率仪，测量范围为 0～200 mS/m。

根据 ISO 8502-9：1998 标准计算结果。测试步骤如下：

① 测试前，用蒸馏水或脱离子水清洗注射器、量杯和导电率仪电极。

② 去除布雷斯勒片的保护膜和中心打孔部分的填片。

③ 将布雷斯勒片粘贴在待测表面，尽可能减少进入采样片间隔的空气。如果要测试点蚀处的盐度，可尝试将贴片粘贴到这样的地方，即怀疑大多数盐不能通过高压水清洗可靠去除之处。使用注射器抽出贴片下的空气，如图 2.26 所示，将注射器以大约 30°的角度插入贴片的空腔中。在针头难以进入贴片空腔的情况下，需要弯曲注射器的针头。

④ 量杯中装 15 mL 蒸馏水或脱离子水。使用电导率仪（图 2.27）测量量杯中水的电导率，并记录。

2 表面处理

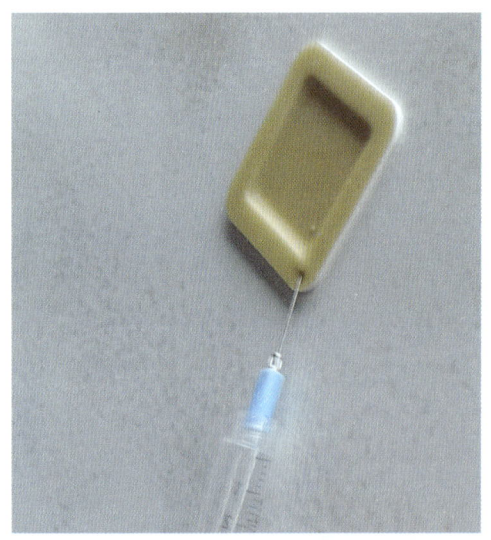

图 2.26 将注射器插入布雷斯勒测试片抽出空气

⑤ 用注射器从量杯中抽取 3 mL 水。

⑥ 将注射器内的水注入贴片的空腔内，应尽量防止空气进入贴片空腔。溶液在空腔内停留一定的时间，停留时间的长短需由检测各方商量确定。轻轻"拍打"表面有助于盐的溶解。如果表面未出现点蚀，那么停留 10 min 就足够了。

⑦ 在不移开针头的情况下，将溶液抽回注射器并再次将溶液注入贴片空腔，此动作需重复 10 次以上。整个过程不得有溶液溅出或溢出，否则测试结果无效。

⑧ 最后，用注射器将水从贴片空腔中抽出并注入量杯，并使量杯中溶液的量达到初始的 15 mL。可用注射器抽取量杯中的溶液并再次注入，此过程可确保量杯中的溶液充分混合。

⑨ 测量水的电导率，单位为 $\dfrac{\mu S}{cm}$。

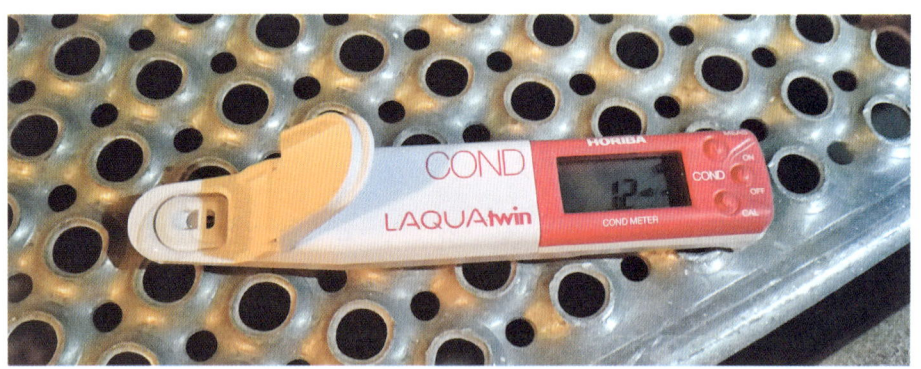

图 2.27 电导率仪

⑩ 计算。将步骤⑨的测量结果减去步骤④的测量结果，然后将两者之差乘以系数 6。如果测量时使用的溶液不是 15 mL，则必须使用另一个系数（参考 ISO 8502 - 9: 1998 标准）。计算结果即为表面的盐浓度，单位为 $\dfrac{mg}{m^2}$。

举例：

步骤④测得的电导率：$2\ \dfrac{\mu S}{cm}$；

步骤④测得的电导率：$23\ \dfrac{\mu S}{cm}$；

结果：$(23-2)\times 6=126(\text{mg/m}^2)$

应在规范中确定表面盐浓度的最大值，通常为 $50(\text{mg/m}^2)$。

2.2.3 灰尘的污染

灰尘会降低涂料在表面的附着力，因此必须将其清除。清除方法包括高压水冲洗、空气吹扫或抽吸。

要检查表面是否无尘，可以根据 ISO 8502-3:1992 标准进行灰尘测定。

根据标准，测试时需要使用以下材料：

① 符合 ISO 8502-3:1992 标准要求的胶带。
② 与灰尘作对比用的清洁衬垫——建议使用白纸。
③ 符合 ISO 8502-3:1992 标准要求的弹簧压辊。
④ 十倍放大镜。

测试步骤：

① 截取大约 15 cm 长的新胶带，只能触碰胶带的两端。
② 使用压辊时，将其放在胶带的中央，对其向下施加 39.2~49 N 的载荷，接着朝胶带两端方向各平稳滚动 5~6 s，然后剥下胶带，并将其贴在清洁的衬垫（如白纸）上。
③ 可用拇指代替压辊。在胶带上均匀施加压力，前后移动 5~6 s，然后将胶带贴在衬垫（如白纸）上。
④ 评估结果。根据颗粒大小，可将颗粒度等级分为 1~5 级。

颗粒度等级如下：

① 0：10 倍放大镜下不可见的微粒。
② 1：10 倍放大镜下可见但肉眼不可见的颗粒。
③ 2：正常视力下刚刚可见的微粒。
④ 3：正常视力下明显可见的颗粒。
⑤ 4：直径为 0.5~2.5 mm 的颗粒。
⑥ 5：直径大于 2.5 mm 的颗粒。

灰尘数量等级如图 2.28 所示。

2.2.4 冷凝水污染

涂层材料无法黏附于水。在涂覆涂层之前，必须检查施工环境是否适合涂覆涂层，可参考 ISO 8502-4:1993 标准。

一方面需要知道被涂覆基材的表面温度，另一方面需要知道露点温度。使用接触式温度计可以非常可靠地测量基材表面温度。使用悬吊式湿度计可以测得露点温度。有些设备兼具接触式温度测量、相对湿度测量和露点温度计算功能。

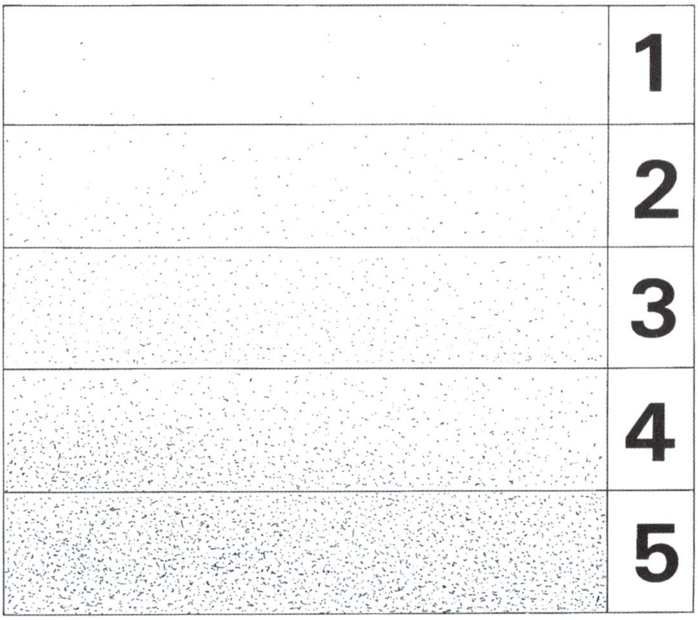

2 表面处理

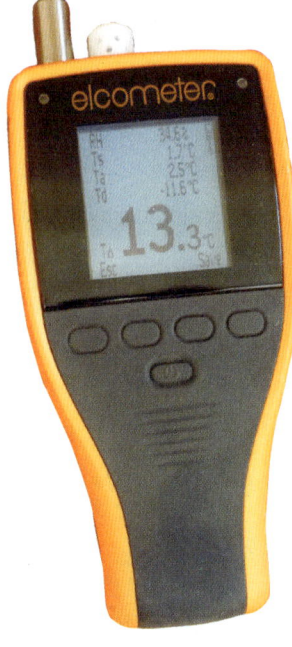

图 2.28　ISO 8502:1992 标准规定的灰尘数量等级

图 2.29　可同时测量露点温度、湿度和表面温度的测量仪器

图 2.29 显示了一种可测量相对湿度和露点温度的仪器,该仪器同时也是一个接触式温度计。这类仪器的缺点是可能需要较长的测量时间才能获得可靠的测量结果。

使用悬吊式湿度计可以测量干湿度、温度。应购买包含比例尺的型号,从而可以通过两个值确定相对湿度。悬吊式湿度计的优点是可以快速、可靠地测得结果。

以下公式可得到露点温度:

$$t_d = 234.175 \cdot \frac{(234.175+t)(\ln 0.01 + \ln \varphi) + 17.08085t}{234.175 \cdot 17.08085 (234.175+t)(\ln 0.01 + \ln \varphi)}$$

式中　t_d——露点温度;
　　　φ——相对湿度;
　　　t——环境温度。

然后计算露点温度与表面温度(如待涂覆涂层的钢)的差值:

$$\Delta t = t_s - t_d$$

式中　Δt——露点差;
　　　t_s——基材(如钢)表面温度。

某些智能手机软件可以根据相对湿度计算露点温度,也可以使用可编程计算器根据上述公式来计算露点温度。

除非合作方之间另有协议,或者供应商提供的产品信息中另有规定,否则以下条件始终适用：$\Delta t \geqslant 3℃$，$\varphi \leqslant 85\%$。

可以定期观察这些数值的变化，如果待涂覆区域面积较大，则可在不同位置测量这些数值。如果数值超出了约定的限值，则必须停止涂覆工作。

2.2.5 受损涂层系统的污染

受损涂层系统可能存在以下缺陷，其中包括：起泡、裂纹、附着力不足、锈蚀面积超过8%。

如果涂层系统出现了上述缺陷，则需彻底除锈、清洁表面并涂覆新涂层。在受损涂层表面涂覆涂料不能起到防腐蚀作用。

2.3 除锈方法和表面处理方法

船舶涂装前除锈的主要方法包括喷砂清理、超高压水喷射和机械表面处理。对于管道和小部件，还可使用化学除锈方法，通常在镀锌之前进行化学除锈。

不同的除锈方法或表面处理方法会影响涂层系统的耐久性。处理过程中，不仅要去除表面污染物和表面颜色，还要形成良好的表面粗糙度。如果表面粗糙度良好，那么涂层材料能更好地附着在表面上。

2.3.1 ISO 8501-1：2007 标准规定的钢材锈蚀等级

对于钢材厂生产的新钢材、建造新船用的钢材以及入坞维修时的除锈，均可以按照ISO 8501-1：2007标准进行除锈，该标准将钢材的锈蚀等级分为 A、B、C 和 D 四种。分级的依据是出厂钢材表面的氧化皮，钢材表面的氧化皮呈黑色。

不同锈蚀等级的含义如下：

A 钢材表面大面积覆盖着氧化皮，几乎没有生锈。
B 钢材表面开始生锈，氧化皮开始脱落。
C 钢材表面氧化皮生锈，但钢材表面未出现点蚀或凹槽。
D 钢材表面氧化皮生锈，且钢材上出现明显的生锈痕迹。

造船时，通常会选用 A 级和 B 级钢材。

此外，该标准还规定了喷砂清理、机械表面处理和火焰清理的程度。火焰清理在船舶行业使用较少。

2.3.2 喷砂

对表面进行喷砂清理是指通过空气或抛丸机将磨料高速喷射到表面，以去除表面的杂质和涂层材料，并使表面获得一定的粗糙度。

固定式抛丸机利用离心力，将小钢球（弹丸）抛向钢材表面；移动式喷丸机可在甲板表面一边移动一边抛丸。使用弹丸是为了避免损坏机器本身，抛丸机可吸入弹丸重新

2 表面处理

利用。

磨料一般经由输砂管随压缩空气一起喷射到被处理表面(图 2.30)。

图 2.30　使用抛丸机在甲板表面进行抛丸处理

压缩空气经由喷嘴通入一根管道(图 2.31)。管道收缩，空气加速，管道内形成负压，磨料被吸入管道。管道收缩引起空气加速利用了伯努利效应。压缩空气与磨料在混合腔内混合，混合物经过喷射口喷向被处理表面。

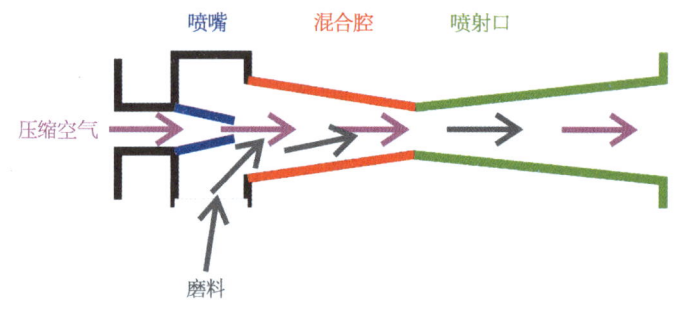

图 2.31　喷砂机的喷射原理

当利用压缩空气进行喷砂时，通常使用尖锐的砂砾，以形成较好的表面粗糙度(图 2.32)。

有两项标准分别列出了喷砂清理等级：

① ISO 8501-1：2007 标准，适用于全新钢材和大面积喷砂，也可以用作维修标准。

② ISO 8501-2：1994 标准，适用于局部维修。

对于两项标准中的喷砂清理等级，以下内容均适用：

① 不含油、脂。喷砂之前应清除所有污染物，否则污染物将在喷砂时进入表面深层，更难清除。磨料本身也不应受到油、脂的污染。

② 虽然标准中未规定，但待喷砂表面的盐度应≤50 mg/m^2。

③ 表面应无不牢固的氧化层、锈蚀、涂层和其他杂质。这项要求也可以通过喷砂处

2.3 除锈方法和表面处理方法

图 2.32　利用压缩空气对表面进行喷砂处理

理来实现。但是,杂质越多,磨料的污染就越严重。

ISO 8501-1: 2007 标准规定的喷砂清理等级如下:

(1) SA1。轻度的喷砂清理——去除:

① 铁锈。

② 不牢固的涂层。

③ 不牢固的杂质。

(2) SA2。彻底的喷砂清理。

① 几乎没有氧化层。

② 几乎没有铁锈。

③ 几乎没有涂层。

④ 几乎没有杂质。

⑤ 任何残留物必须牢固附着。

(3) SA2½。非常彻底的喷砂清理——清除铁锈、氧化层、涂层和杂质,任何残留物的痕迹应只显示为点状或条状的轻微色斑。

(4) SA3。表面必须具有均匀的金属色泽。

实践中,最常用的喷砂清理等级为 SA2½。SA1 等级对于涂层没有意义,因为表面太不干净。大多数涂料制造商也指定了 SA2½ 喷砂清理等级。经 SA2½ 喷砂处理后的表

2 表面处理

面,其涂层系统的耐久性也优于 SA2 喷砂处理表面。在欧洲造船厂,SA2 和 SA2½ 之间的工价差约为 3~6 €/m²。仅当空气湿度低且钢温度尽可能高时,才能达到 SA3 等级的喷砂清理。通常,喷砂表面会在一定的湿度下迅速失去光泽。大多数情况下,SA2½ 是一种兼顾了经济性和耐用性的喷砂清理标准。

表 2.2 为 ISO 8501-1: 2007 标准喷砂清理等级与钢材锈蚀等级对比。

表 2.2 ISO 8501-1: 2007 标准喷砂清理等级

钢材锈蚀等级	喷砂清理等级
A	SA2½,SA3
B	SA1,SA2,SA2½,SA3
C	SA1,SA2,SA2½,SA3
D	SA1,SA2,SA2½,SA3

图 2.33 所示为一个经过 SA2½ 喷砂清理的舱室。检查时可以用卤素手电筒,因为一般手电筒的 LED 光色温低,很难识别细微的明暗差别。

图 2.33 SA2½ 喷砂清理后的舱室

图 2.34 所示的区域经过了 SA2½ 喷砂清理,金属表面仅有细微的明暗差别。

局部施工(如维修)时可参考 ISO 8501-2: 1994 标准。该标准仅涉及局部的铁锈、杂质、氧化层和涂层材料的清理。

该标准关于不同喷砂清理等级的描述与 ISO 8501-1: 2007 标准中的一致。使用时需在前面加上字母 P,表示参考的是 ISO 8501-2: 1994 标准,即 P SA2,P SA2½,P SA3,字母 P 代表局部(Partial)。

图 2.34　SA2½ 喷砂清理后的表面

ISO 8501-2：1994 标准提供的基准图像有时不利于评价表面清理的等级。例如，某块区域的喷砂处理等级显然已经达到了 SA2½，根据标准，由于表面锈蚀而导致周围一圈变色，这在清理等级 P SA2½ 中是允许存在的。为此，不同检验方参考该标准时，可能会有不同意见。

图 2.35 中，一部分表面进行了 P SA2½ 等级的表面处理。喷砂清理后，需使用粗糙的砂轮打磨边缘残留的涂层，从而在喷砂表面与涂层未受损的表面之间形成平滑的过渡。

可选用不同的磨料进行喷砂清理。磨料材质为钢时，磨料就是钢砂，钢砂十分锋利。只有在喷砂车间内对新船进行喷砂清理时可以使用钢砂。机器设备安装完成后，或钢砂有可能被风吹落在其他外表面时，不适宜使用钢砂，因为钢砂落于表面可能会引起锈蚀，进而损坏涂层系统。如果钢砂恰好落入机器设备内部，那么可能会引起短路。

表 2.3 所示为常用的磨料。

图 2.35　经 P SA2½ 喷砂清理的表面

2 表面处理

表2.3 磨料一览

磨 料 种 类	物 质	形 态
铸钢	金属	砂/丸
铸铁	金属	砂/丸
低碳钢	金属	切割成小段的钢丝
硅酸铝	矿物	砂
刚玉	矿物	砂
石榴石	矿物	砂
铜渣	矿物	砂
石英砂	矿物	砂/丸
米	有机物	砂
碎椰壳	有机物	砂
玉米颗粒	有机物	砂
合成颗粒	有机物	砂

维修或处理已装配设备的新船时,通常使用刚玉或铜渣。喷砂车间和抛丸机上常用的是金属磨料。

涂料制造商提供的产品数据表和规格说明书所提供的相关信息,告知用户某些涂层系统需要涂覆在具有一定粗糙度的喷砂表面。例如,冰级环氧底漆要求待涂覆表面符合以下要求:符合 ISO 8501-1 标准 SA2½ 等级,中等 G 级表面粗糙度(50~85 μm,$Ry5$——ISO 8503-2 标准)。

表面粗糙度有以下几种定义:Ry、Ry_5、Ra 和 Rz。可在取样长度 L 内观察喷砂表面的二维轮廓形状(图2.36)。

Ry 表示在取样长度 L 内,被测轮廓峰、谷之间的最大距离(图2.37)。

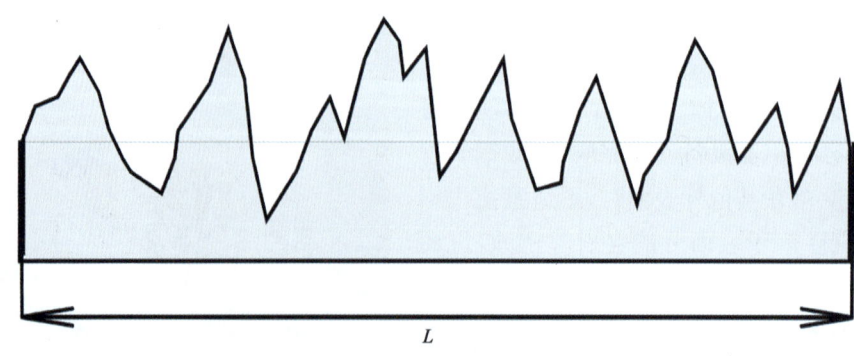

图2.36 喷砂表面的轮廓

2.3 除锈方法和表面处理方法

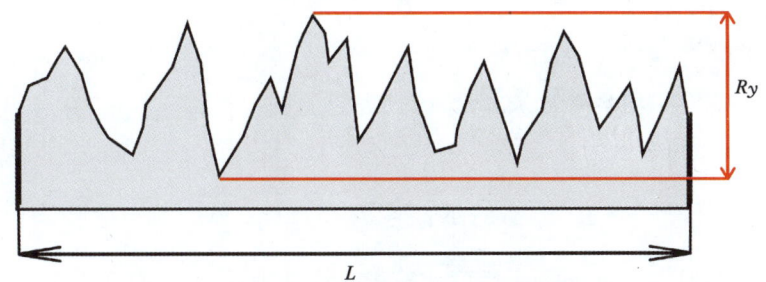

图 2.37 表面粗糙度值 Ry 示意图

通常以 Ry_5 作为表面粗糙度值,即取 5 个相邻的 Ry 值,并按以下公式取平均数:

$$Ry_5 = \frac{1}{5}(Ry_1 + Ry_2 + Ry_3 + Ry_4 + Ry_5)$$

Rz 的值与 Ry_5 非常接近(图 2.38)。

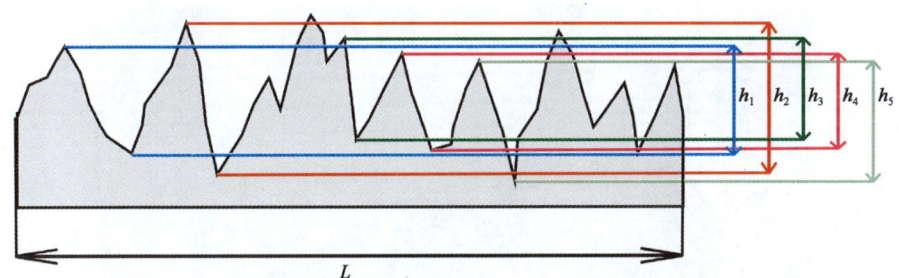

图 2.38 表面粗糙度值 Rz 示意图

Rz 表示在取样长度内,5 个最大的轮廓峰高与 5 个最大的轮廓谷深的间距之和的平均值:

$$Rz = \frac{1}{5}(h_1 + h_2 + h_3 + h_4 + h_5)$$

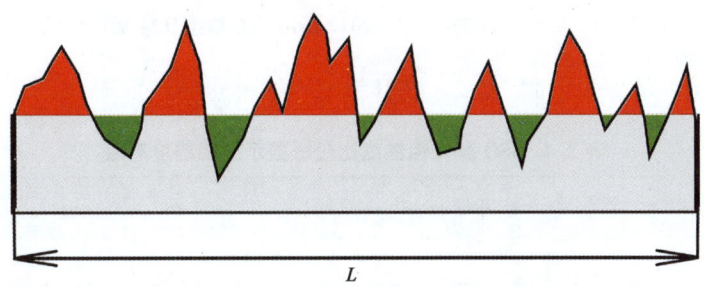

图 2.39 表面粗糙度值 Ra 示意图

Ra 表示在取样长度内,轮廓上峰、谷与轮廓中线形成图形面积(图 2.39 中红、绿两部分)之和除以取样长度:

31

2　表面处理

$$Ra = \frac{A_{绿} + A_{红}}{L}$$

Ra 与 Ry_5 和 Rz 相差很大，Ra 大约为 Rz 的 1/6。

三者关系大致可表示为：

$$Ry > Rz;\ Ry_5 \approx Rz;\ Rz \approx 6Ra$$

造船实践中，通常使用 ISO 粗糙度比较板来评估表面粗糙度，例如符合 ISO 8503 - 1: 2012 标准的粗糙度比较板，其主要基于粗糙度值 Ry_5。

针对抛丸和喷砂两种处理方式存在两种不同的粗糙度比较板。必须根据清理方式的不同而选择对应的比较板。

图 2.40 中展示的是经过抛丸清理的表面，因此选择了抛丸粗糙度比较板。比较时，必须在不使用放大镜的情况下目视检查表面粗糙度。

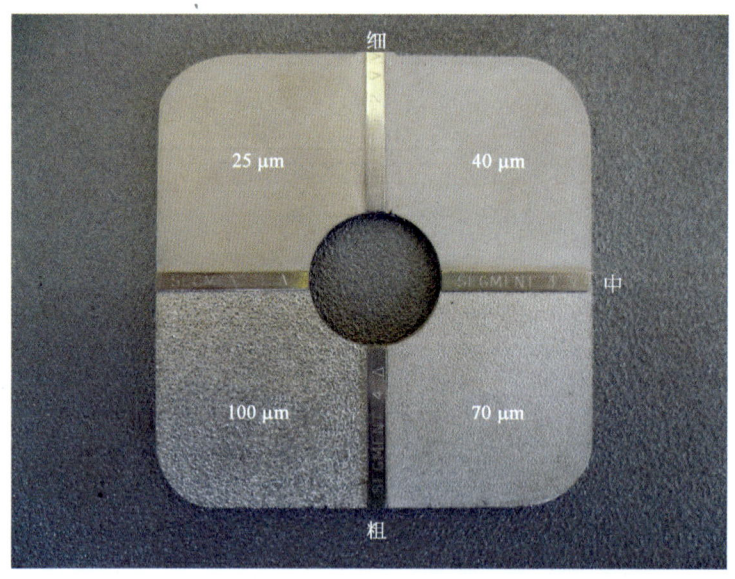

图 2.40　符合 ISO 8503 - 1: 2012 标准的粗糙度比较板(抛丸)

对于经过抛丸清理的表面，表 2.4 将其粗糙度等级进行分类。

表 2.4　ISO 抛丸粗糙度比较板显示的粗糙度等级

粗糙度等级	$Ry_5/\mu m$
细	25～40
中	40～70
粗	70～100

表 2.5 所示为喷砂粗糙度比较板给出的粗糙度等级。

表 2.5 ISO 喷砂粗糙度比较板显示的粗糙度等级

粗糙度等级	$Ry_5/\mu m$
细	25～60
中	60～100
粗	100～150

另有一种名为 Rugotest 的粗糙度比较板，基于粗糙度值 Ra。将比较板放置于工件表面，用手指进行触摸比较，以确定工件表面的粗糙度等级。Rugotest 共有 9 种喷砂粗糙度比较板和 9 种抛丸粗糙度比较板。进行触摸比较时，需找到与工件表面触感最接近的两个等级。

Rugotest 3 基于 ISO 2632 标准，但该标准已失效。

2.3.3 高压水除锈

锈蚀也可以用水清除。如果只使用水，则不会形成表面粗糙度。水在足够大的压力下能冲掉旧涂层，旧涂层去除后，原来经过喷砂的表面再次呈现出一定的粗糙度。因此，可以将矿物磨料与水混合，高压喷射到工件表面，从而产生表面粗糙度。在造船厂室外区域处理工件，并要求工件表面具备一定粗糙度时，可以使用这种方法，因为喷砂由于灰尘较大不宜在室外使用。

此外，通过较高的水压可以有效去除表面的锈蚀。表 2.6 所示为按水压高低选择不同的方法。

表 2.6 用于清洗和除锈的水压

方　　法	水压/MPa	适　用　范　围
低压水清洗（low pressure water cleaning, LPWC）	<34	工业清洗，家用清洗
高压水清洗（high pressure water cleaning, HPWC）	34～70	强力清洗，用于清除水下船体上的污垢和盐分（常用水压范围 35～50 MPa）
高压水喷射清理（high pressure water jetting, HPWJ）	70～210	去除涂层和部分锈蚀
超高压水喷射清理（ultra-high pressure water jetting, UHPWJ）	>210	去除锈蚀和涂层材料

ISO 8501-4: 2006 标准给出了 UHPWJ 的相关要求。和 ISO 8501-1: 2007 标准一样，该标准也提供了基准图像。标准给出了 5 种具有不同锈蚀等级的表面。所有工件都经过喷砂预处理，并涂覆了不同的涂层系统，如表 2.7 所示。

2 表面处理

表 2.7 ISO 8501-4: 2006 标准中的锈蚀等级

表面名称	涂层系统	基材锈蚀面积
DC A	涂层系统	1%
DC B	涂层系统	8%
DC C	涂层系统	>40%
DP 1	氧化铁底漆	>40%
DP Z	硅酸锌底漆	>40%

与 ISO 8501-1: 2007 标准中的喷砂清理等级类似，ISO 8501-4: 2006 标准也给出了 3 种 UHPWJ 标准。表面通常应无油、脂。各等级差别如下：

(1) WA1。轻度高压水喷射清理；表面应无：

① 不牢固和损坏的涂层。

② 不牢固的锈迹。

③ 其他杂质。

(2) WA2。彻底高压水喷射清理。

① 去除大部分锈迹。

② 去除老旧的涂层。

③ 去除其他杂质。

④ 污染物可能由于涂层牢固附着而残留；锈蚀区域仅允许留下锈斑。

(3) WA3。非常彻底的高压水喷射清理。

表面无锈迹和杂质。仅允许存在表面变色，表面变色无法通过进一步的 UHPWJ 去除。

经过超高压水喷射清理后，表面迅速形成闪锈。闪锈可分为 3 个等级：

(1) L。轻度闪锈。

① 少量的黄褐色锈迹，均匀分布或斑状分布。

② 用布用力擦拭可以去除。

(2) M。中度闪锈。

① 黄褐色锈层，均匀分布或斑状分布。

② 牢固附着在表面上。

③ 用布擦拭时，会在布上染色。

(3) H。重度闪锈。

① 红—黄—棕色锈层，均匀分布或斑状分布。

② 用布擦拭时，会在布上染色。

修复涂层系统时，若使用环氧涂料，通常要求表面至少符合 WA2 标准，闪锈等级 L 或 M。一般来说，35~50 MPa 水压下使用旋转喷嘴即可去除所有类型的闪锈。修船厂常用的是超高压水喷射清理。

图 2.41 显示了使用带有旋转喷嘴的 UHPWJ 进行除锈。通常,超高压水喷射清洗比喷砂清理更昂贵,但前者不产生粉尘,并且能同时清洗表面上的盐分。

图 2.41 带旋转喷嘴的 UHPWJ

图 2.42 显示了经过 UHPWJ 处理的表面,表面的闪锈等级为 L。通常可以将涂料涂覆在此类表面上。

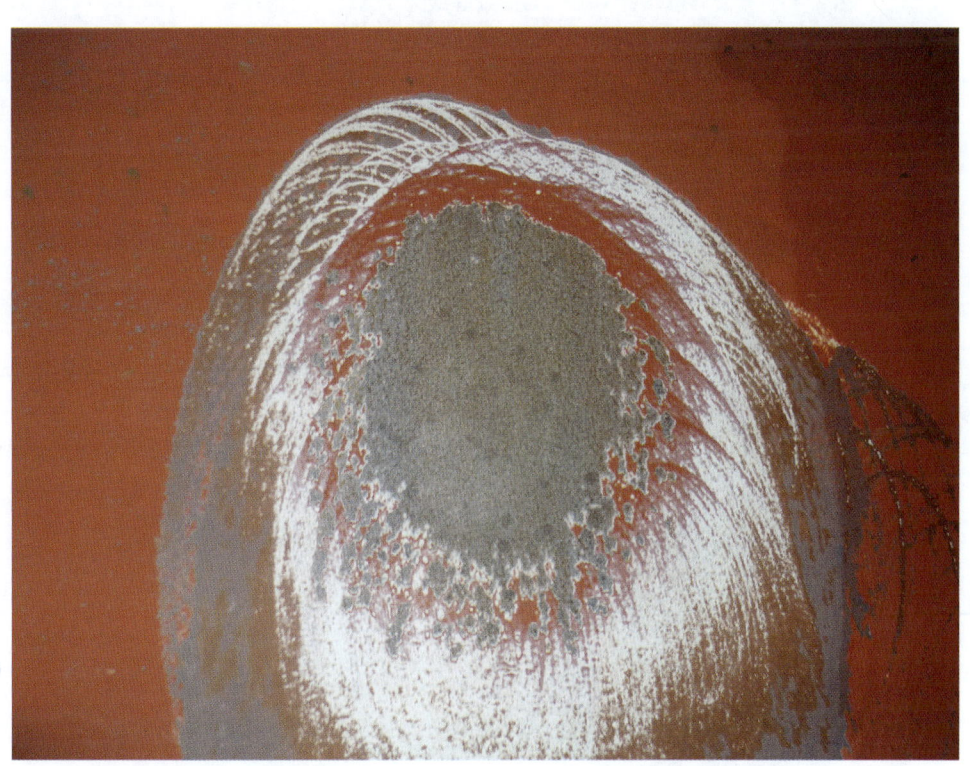

图 2.42 带旋转喷嘴的 UHPWJ,清理等级为 WA2½,闪锈等级为 L

2 表面处理

图 2.43 所示为经过 UHPWJ WA2½ 级处理的表面,表面上有中度及重度闪锈。中度闪锈呈黄棕色,重度闪锈呈红棕色。可能还需要再次使用旋转喷嘴来清除闪锈,通常使用 50 MPa 的水压即可达到清除闪锈的目的。如果表面积较大,可使用移动式喷嘴。

图 2.43　带旋转喷嘴的 UHPWJ,清理等级为 WA2½,闪锈等级为 M 和 H

图 2.44 中,船的外部涂层需要重新涂覆,必须使用大型移动式喷嘴。

图 2.44　带有移动式喷嘴的 UHPWJ,适用于大面积操作

2.3.4 机械表面处理

ISO 8501-1: 2007 和 ISO 8501-2: 1994 两项标准也适用于机械表面处理。ISO 8501-1: 2007 中规定了 ST2、ST3 标准,而 ISO 8502-2: 1994 标准则规定了 PST2、PST3 和 PMA 标准,前提都是没有油、脂和污垢。

(1) ST2/PST2。彻底的手工或机械表面处理。表面应无:
① 不牢固的氧化层。
② 不牢固的锈斑。
③ 不牢固的涂层。
④ 其他杂质。

(2) ST3/PST3。非常彻底的手工或机械表面处理,与 ST2 类似,但是表面必须能够看到金属光泽。

(3) PMA。与 PST3 类似,但表面允许留下轻微的斑状或条状阴影。表面应有金属光泽,局部表面通过机械打磨机进行处理。

实践中很少使用 PMA 标准。涂料制造商通常为其涂料指定至少 ST2 的表面处理方法。如果有深锈,应首先用钉锤将其清除。但是,仅使用钉锤无法去除严重的锈蚀,因此还需要使用打磨砂轮来对型材进行处理。

在实践中,使用角磨机配合纤维盘可获得较好的机械打磨效果。使用粒度为16、粒子紧密分布、与合成树脂黏合的刚玉纤维盘可达到较好的打磨效果(图 2.45)。

图 2.45 刚玉纤维盘(直径 100 mm)

经过 ST3 处理的表面看起来具有较好的金属光泽,涂料在其表面具有良好的附着力。

修船时,局部生锈表面按 ST3 或 PMA 标准进行了打磨(图 2.46)。打磨区域周围的

2 表面处理

涂层也被均匀打磨,以实现平滑过渡,从而达到较好的涂覆效果。

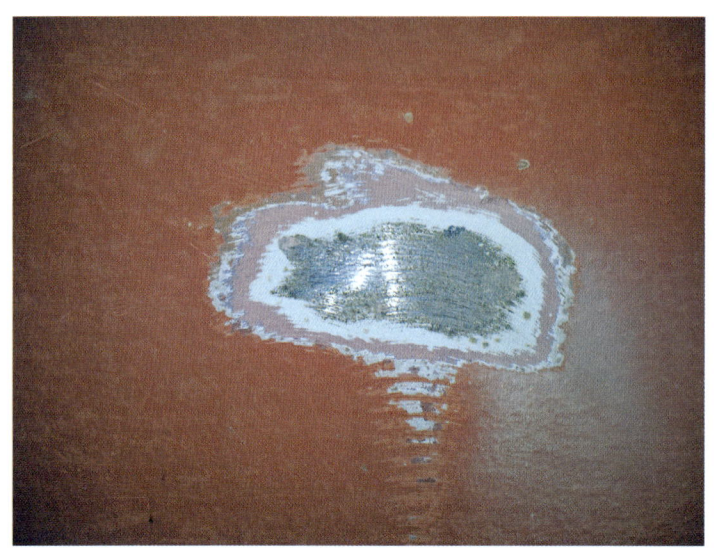

图 2.46 用 ST3 刚玉纤维盘打磨过的表面

图 2.47 中舱内表面得到了良好的处理,随后可焊接新材料。通过打磨可去除烧伤、焊缝和破损的旧涂层。旧涂层和生锈表面之间过渡良好。若使用其他打磨盘,可能会对表面产生不利影响。

图 2.47 经 ST3 刚玉纤维盘打磨的舱内表面

图 2.48 为一个经过 ST3 标准打磨的表面。打磨区域与旧涂层之间的过渡边缘清晰,表面本身不规则且相对光滑,若在该区域涂覆涂层,则该区域涂层系统的耐久性会受影响。

2.3 除锈方法和表面处理方法

图 2.48　经过 ST3 打磨的表面

图 2.49 所示是一种金属打磨盘。

图 2.49　角磨机上的金属打磨盘

使用旋转的刷子打磨表面可使表面产生 ST3 所要求的金属光泽，但是刷子打磨表面后，不会产生足以使涂料牢固黏附的表面粗糙度（图 2.50）。若在焊缝处使用刷子后，必须使用刚玉纤维盘或粗糙的刚玉砂纸打磨焊缝，如此方能形成足够的表面粗糙度。

39

2 表面处理

图 2.50 用刷子处理过的表面

机械处理表面的表面粗糙度没有标准。一个重要的指标是通过用刚玉纤维盘打磨而在表面上形成的凹槽,其可产生足够的粗糙度,以使涂料能够牢固黏附于表面。

3 涂层材料

涂料或油漆通常为液体,可涂覆于某些基材(如混凝土、钢等)的表面。涂料干燥或固化后,可在基材表面(表面需经过适当的处理)形成附着牢固的固态薄膜。

根据涂层类型的不同,经涂覆过的表面可保护基材免受腐蚀、磨蚀、植物附着或污染。此外,涂料也有装饰功能,例如客船涂覆白色油漆主要是为了美观。

3.1 涂料成分

涂料通常由以下成分组成:黏结剂、溶剂(也有无溶剂的涂料)、颜料、填料、添加剂。

黏结剂对涂料的性能有重要影响,涂料的名称通常给出了黏结剂的类型,例如环氧涂料的黏结剂是环氧树脂。黏结剂将颜料和填料黏合在一起,这些成分主要决定了涂料的性能,例如附着力、光泽、防腐性、对其他物质的耐受能力、成膜特性、应用范围、弹性、紫外线稳定性、耐温性、耐候性以及机械和化学抵抗力。

溶剂是涂料中的挥发组分。有些涂料不含溶剂,例如可用于饮用水水箱的环氧涂料。溶剂用于溶解涂料组分,会影响涂料的黏度(黏度影响涂料在涂覆时的特性)。此外,溶剂也会影响涂料的干燥时间和闪点。

颜料决定涂料的着色,也会影响涂层材料的不透明度。此外,颜料还能增强涂层的防腐蚀能力。高浓度的锌粉涂料可用于电保护,硫酸锌可用于钢的钝化,铝颜料则可以对氧气和水起阻挡作用。

添加剂主要影响涂料的机械性能及其涂覆性能。有时,使用添加剂可降低涂料的成本,也利于涂料的生产。添加剂在涂料组分中所占比例非常小。

3.2 涂料固化类型

涂料黏结剂决定涂料的类型,其影响着不同涂料的兼容性。

图3.1为涂料根据其固化机理进行的分类,涂料的固化机理会影响涂料的兼容性。

3 涂层材料

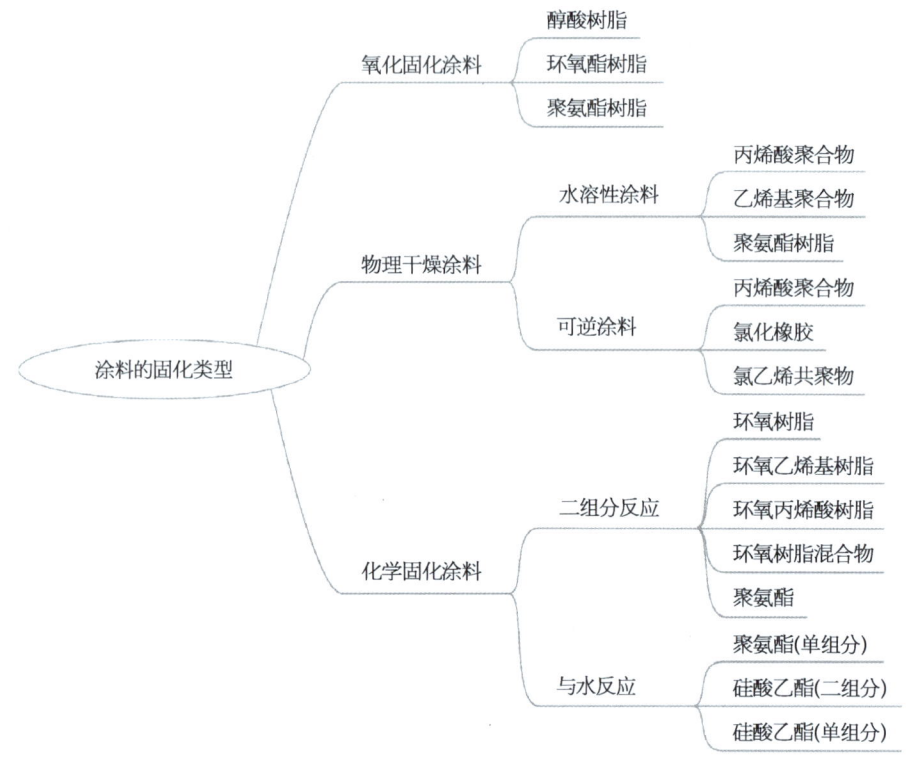

图 3.1 固化类型

3.2.1 氧化固化涂料

氧化固化涂料与空气反应会硬化。溶剂蒸发,周围的空气渗入涂料,涂层在氧化过程中硬化。通常在船舶甲板区可见的钢材及机舱舱壁上使用醇酸树脂涂料。醇酸涂料的优点是干燥速度快,此外,如果发生火灾,明火不易在此类涂料表面蔓延。通常来讲,只有当所需涂覆的涂层厚度较小时,方可使用氧化固化涂料,如果涂层较厚,那么涂层材料与周围空气之间无法产生最佳反应,从而影响涂料的固化效果。氧化固化涂料可能需要数年时间才能完全固化,但是涂层在短时间内就可以干燥,从而形成相对较软但足以承受一定重量的表层。氧化固化涂料会在碱性环境中发生反应,因此醇酸树脂不能与混凝土接触,因为混凝土是碱性的。

3.2.2 物理干燥涂料

物理干燥涂料分为水溶性涂料和可逆涂料两类,两者固化的原理相似。使用水溶性涂料时,水蒸发,其余组分硬化形成涂层。使用可逆涂料时,涂料中的溶剂挥发,涂料干燥,而所谓"可逆",即可以再次用相同的溶剂将涂料溶解。水溶性涂料也可以使用溶剂再次溶解,但这里所指的溶剂不包括水。在船舶行业,丙烯酸可作为可逆涂料涂覆于室外区域,也可用水稀释后涂覆于腐蚀性较低的室内区域。防污涂料是物理干燥涂料,为使表面防污性能较佳，通常使用具有化学固化和物理干燥特性的涂料，如乙烯基改性环氧树脂。物理干燥涂料形成的涂层比化学固化涂料形成的涂层软。

3.2.3 化学固化涂料

化学固化涂料通常由两种组分组成，使用前必须将其充分混合。一种组分是固化剂，装在一个较小的桶中；另一种组分是基料，装在一个较大的桶中。在使用之前，应用搅拌器充分混合这两种组分。溶剂挥发，两种组分相互反应形成涂层并硬化。有一类特别的化学固化涂料，其与水反应而硬化，可以作为单组分涂料或二组分涂料使用。富锌涂料也是一种化学固化涂料，如硅酸乙酯富锌涂料，其必须永久保持湿润以防硬化。此外，也存在单组分化学水固化涂料，如磷酸锌涂料和富锌聚氨酯涂料。涂覆化学固化涂料时，应注意最大涂覆间隔时间，如果涂料过度硬化，那么下一道涂层可能无法牢固附着其上，存在涂层剥落的风险。如已发生前一道涂层过度硬化，可以对已经硬化的涂层进行打磨或钝化，在其表面形成一定的粗糙度，之后便可使下一道涂层牢固附着。

3.3 涂料的种类

3.3.1 环氧树脂涂料

环氧树脂通常用作底漆，可提供非常好的防腐蚀保护。针对不同的用途，可使用特定的黏结剂或不同类型的环氧树脂。

图 3.2 所示为环氧涂料的类型。

环氧树脂中添加少于 10% 的铝颜料，可提高涂层的防水性能。长期与水接触的表面可涂覆此类涂料，如压载水舱、船体水下部分等。含铝颜料的环氧涂料也经常被用作底漆。此类涂料不具备电保护性能。

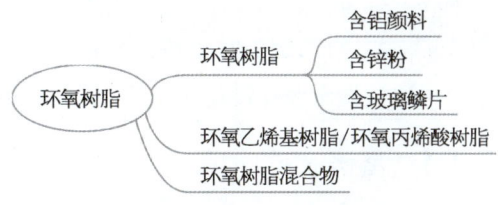

图 3.2 环氧涂料的类型

使用含有大量锌粉的环氧涂料涂覆在 SA2½ 喷砂表面可达到电保护的目的。这种环氧涂料被用作底漆。

在环氧树脂中添加玻璃鳞片可增强涂层的耐磨性。涂覆此类涂料时，通常要求表面经过 SA2½ 喷砂处理，如此才能确保涂料有效附着，并可以涂覆较厚的涂层。高负载表面可使用这类涂料，例如在冰区航行船舶的船体水下部分，或对涂层系统耐用性要求较高的海洋工程平台等。

除此之外还有各种环氧树脂混合物。例如对化学品具有较高耐蚀性的苯酚环氧树脂，涂覆这种涂料时，要求表面经过 SA2½ 喷砂处理，以使涂料牢固附着在表面，并确保涂层系统的使用寿命。

3.3.2 聚氨酯涂料

聚氨酯涂料的应用领域广泛。对于船舶及海工行业,根据应用区域的不同,需要使用含有不同黏结剂或颜料的特殊涂料。

以下是常见的应用领域。

1) 聚氨酯涂料用作可见表面的色漆

聚氨酯涂料的优点是颜色稳定且易于洗净。环氧树脂可以制成任意颜色,但是其颜色在使用中会发生变化,且在紫外线照射下容易粉化。环氧树脂具有较大的孔,污染物易于沉积在环氧树脂中。因此,一般使用聚氨酯作为色漆,而不是混合成某种颜色的环氧树脂。此外,聚氨酯涂料还具有一定的光泽。

2) 聚氨酯涂料用作流平剂

对于客船和游艇而言,可以对外部区域钢表面的翘曲处进行 SA2½ 喷砂处理,并填充聚氨酯流平剂,然后根据需要在该处涂覆聚氨酯或其他材料的装饰涂层。

3) 富锌聚氨酯涂料用于防腐蚀

有些制造商可生产富锌单组分聚氨酯涂料和富锌二组分聚氨酯涂料,将其涂覆于钢材表面可起到防腐蚀的作用。此类涂层的优点为干燥速度快,即使暴露在水中也能可靠地固化。

3.3.3 聚酯涂料

聚酯涂料是具有两种甚至三种组分的化学固化涂料,其通常会添加玻璃纤维鳞片进行增强。这种涂料特别耐磨,可用于涂覆海工装置的水下部分或高冰级船舶的船体。涂覆这种涂料之前,表面至少应经过粗糙度 Ry 50~85 μm 的 SA2½ 喷砂处理。使用这种涂料可以涂覆干膜厚度超过 700 μm 的涂层。

3.3.4 富锌涂料

富锌涂料是一类特殊的涂料,它们含有较高的锌粉含量作为颜料,并且可以对钢进行电保护。为了达到预期的电保护效果,必须将涂层材料涂覆在至少经过粗糙度 Ry 50~75 μm 的 SA2½ 喷砂处理后的钢材表面。涂料硬化后,锌应与钢材表面直接结合。有些富锌涂料对表面的要求较低,如单组分锌-聚氨酯,可涂覆于 PST2 或 PST3 生锈表面。但由于锌无法与钢材完美结合,涂覆于这种表面的涂层其耐用性远低于经过 SA2½ 除锈处理的表面的涂层。

图 3.3 所示为富锌涂料的类型。

不同的富锌涂料可根据其锌粉含量进行分类。干膜中锌粉的重量百分比是有标准的。DIN EN ISO 12944-5: 2008-01 标准第 5.2 章给出的规定是:锌粉重量百分比需大于或等于 80%。此外,防腐蚀涂层协会(Society for Protective Coatings, SSPC)也给出了相关标准,其根据干性物质中锌粉的含量给出了 3 个不同的等级:

3.3 涂料的种类

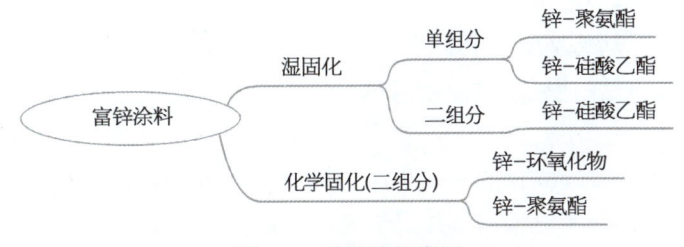

图 3.3 富锌涂料类型

① SSPC - Paint 20　1级：干性物质中锌粉含量≥85%。
② SSPC - Paint 20　2级：77%≤干性物质中锌粉含量<85%。
③ SSPC - Paint 20　3级：65%≤干性物质中锌粉含量<77%。

3.3.4.1 硅酸乙酯富锌涂料

硅酸乙酯富锌涂料的涂覆和测试方法比其他涂料更复杂。本节介绍硅酸乙酯富锌涂料对待涂覆表面处理等级的要求、锌-硅酸乙酯的特性和检查方法。

涂覆硅酸乙酯富锌涂料前，要求进行以下表面处理：

① 钢结构需按照 ISO 8503-1:2006 标准进行 P3 等级的预处理。
② 不含油、脂。
③ 表面最大含盐量为 50 mg/m²。
④ 钢温度与露点之差应大于+3℃。
⑤ 环境温度最好超过+5℃。根据有些制造厂商的介绍，一些硅酸乙酯富锌涂料能在较低的温度下固化，但一般认为这种温度下的固化过程不是最理想的。
⑥ 表面需按照 ISO 8501-1:2007 标准进行 SA2½ 喷砂处理。
⑦ 表面粗糙度 Ry 50~75 μm，最好用角磨料喷砂。

硅酸乙酯富锌涂料具有以下特性：

① 最高耐 400℃ 高温。
② 适用多种溶剂。
③ 可在 pH 为 6~9 的环境中使用。
④ 机械弹性良好（良好的耐磨性），但抗点击性能差。

硅酸乙酯富锌涂层的干燥速度相对较快，在环境温度为 5℃ 时的干燥时间约为 1 h。表面干燥后，立即检测干燥涂层的厚度。涂层凸起处必须用刚玉细沙皮纸打磨，并校正内涂层。只要涂层的厚度在可接受的范围内（参考涂料厂商提供的产品信息与规范要求），便可以硬化。向涂层表面喷淡水即可使涂层硬化，保持表面湿润有助于硬化。较高的空气湿度也有助于获得较好的固化效果。

可以按照 ASTM D4752-10 中的方法检查硅酸乙酯富锌涂层是否已经硬化。检查过程需要用到：

① 干净、干燥的布和/或淡水，用于清洁待检查的区域。
② 符合 ASTMD710 规范的甲基乙基酮。

③ 100%纯棉布,最好是白色,尺寸为 300 mm×300 mm。

④ 挤压瓶,用甲基乙基酮浸湿布。

⑤ 防护设备,包括耐甲基乙基酮的手套。

检查过程如下:

① 选择一个至少 15 cm 长的测试区,并用干布或淡水清洁。

② 使用经校准的测量设备测量并记录测试区涂层的干膜厚度。

③ 戴上耐甲基乙基酮的手套。

④ 将棉布对折并将甲基乙基酮液体滴在棉布上将其浸湿,必须在 10 s 后进行步骤⑤。

⑤ 将折叠的棉布放在待测试的表面上。将食指放在棉布中央,使食指与表面夹角呈 45°,并施加适当的压力,如图 3.4 所示。

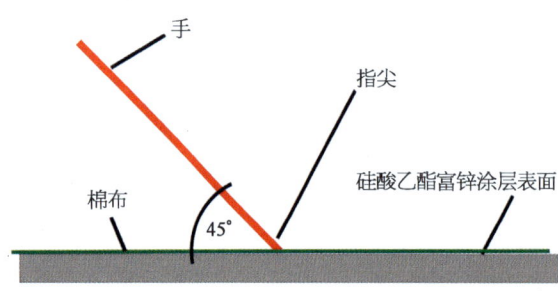

图 3.4 硅酸乙酯富锌涂层表面的甲基乙基酮检查法

然后以适当的压力擦拭表面,擦拭手法为先向外再向内。此步骤约花费 1 s。

⑥ 不拿开棉布的情况下,用甲基乙基酮保持棉布湿润,并按照步骤⑤的要求重复擦拭表面 50 次。

如果棉布不被涂层染色,且未粘上任何涂层材料,则认为硅酸乙酯富锌涂层已经固化。根据空气湿度、硅酸锌的湿度、环境温度以及涂层厚度的不同,硅酸乙酯富锌涂料的固化时间约为 6~24 h。

甲基乙基酮检查报告中记录以下内容:

① 硅酸乙酯富锌涂层的干膜厚度。

② 涂覆硅酸乙酯富锌涂料与甲基乙基酮检查的间隔时间。

③ 检查结果即硅酸乙酯富锌涂层是否固化,最好附上检查时所用棉布的照片,以显示其染色情况。

如果硅酸乙酯富锌涂层已经硬化,并且要在表面上再涂一层涂料,则通常使用环氧涂料作为下一道涂料。由于硅酸乙酯富锌涂层有粗孔,因此必须与制造商协商,在其表面薄涂 25~35 μm 的涂料。如果在其表面涂覆较厚的环氧涂层,那么从硅酸乙酯富锌涂层气孔中逸出的空气会在下一道涂层中形成气孔和气泡。由于硅酸乙酯富锌涂层腐蚀时呈碱性,所以氧化固化涂料(如醇酸树脂)不适合用作下一道涂料。

3.3.4.2 环氧富锌涂料

锌粉含量较高的环氧涂料可以化学固化,涂覆此类涂料前,要求进行以下表面处理(与硅酸乙酯富锌涂料对表面处理等级的要求相同):

① 钢结构需按照 ISO 8503-1: 2006 标准进行 P3 等级的预处理。

② 不含油、脂。

③ 表面最大含盐量为 50 mg/m²。
④ 钢温度与露点之差应大于+3℃。
⑤ 环境温度最好超过+5℃。根据有些制造厂商的介绍,一些环氧富锌涂料能在较低的温度下固化,但一般认为这种温度下的固化过程不是最理想的。
⑥ 表面需按照 ISO 8501-1: 2007 标准进行 SA2½ 喷砂处理。
⑦ 表面粗糙度 Ry 50~75 μm,最好用角磨料喷砂。

环氧富锌涂层的涂覆厚度为 30~60 μm,硬化速度较快。环氧富锌涂层的耐久性不及硅酸乙酯富锌涂层,但前者较后者具有涂层硬化快的优点,因此可以像常见的环氧涂料一样立即进行下一道涂覆。环氧富锌涂层可以承受最高 150℃ 的表面温度,可在 pH 为 6~9 的环境中使用。

3.4 常见涂料的稳定性

表 3.1 所示为常见涂料的稳定性评价。

表 3.1 常见涂料的稳定性

种 类	丙烯酸涂料	醇酸树脂涂料	环氧涂料	聚氨酯涂料	硅酸乙酯富锌涂料	硅涂料
水	B-G	B	G-SG	G	G-SG	G
气候	G-SG	G	G	G-SG	G-SG	G
热	B	G	G-SG	G-SG	SG	SG
酸/碱	G	M	G-SG	G	M	G
溶剂	B-M	B	G	G-SG	G-SG	G
机械影响	B-G	G	G-SG	G-SG	G-SG	B-G

注:稳定性评价等级含义:SG——非常好;G——好;B——一般;M——差。

3.5 涂料之间的兼容性

如遇涂料的兼容性问题,首先应咨询涂料生产商。为避免犯低级错误,可遵循如下基本规则:

① 所有其他类型的涂料均可涂覆于化学固化涂料之上,前提条件是涂料处于可涂覆间隔内或涂层经过打磨。

② 氧化固化涂料充分固化后,下一道涂料只能是化学固化涂料或物理干燥涂料。一般来说,只有在很长一段时间(大于 1 年)后才能进行下一道涂覆。如遇未知

3 涂层材料

涂料,需测试其兼容性以了解其类型。如果不发生反应,那么醇酸树脂涂层已经充分硬化。

③ 物理干燥涂料上只能涂覆物理干燥涂料。如果将化学固化涂料或氧化固化涂料涂覆于物理干燥涂料之上,涂层会开裂。化学固化涂料或氧化固化涂料的溶剂会溶解已有涂层,而氧化固化涂料和化学固化涂料会在涂覆过程中硬化,由于物理干燥涂料相比其他涂料较软,因此其表面会形成裂纹(图3.5)。

图3.5　在丙烯酸涂料上涂环氧树脂会导致涂层开裂

由此得出基本原则:单组分涂料可以涂覆于化学固化涂料之上;相反,化学固化涂料不能涂覆于物理干燥涂料之上,较少涂覆于氧化固化涂料之上。

有时,人们无法获知已有涂层系统由哪种涂层材料涂覆而成。为了选择与已有涂层兼容的下一道涂料并制定维护计划,必须通过测试知道已有涂层的信息。

测试需要用到:橡胶手套、棉布、二甲苯、甲基乙基酮、乙醇溶剂。

三块棉布分别用二甲苯、甲基乙基酮和乙醇浸透。让浸湿的棉布在涂层表面反应数分钟,然后在棉布上施加少许压力并擦拭涂层。

可能会发生三种不同的反应:

① 涂层溶解于其中一种溶剂,且可以清楚地在棉布上看到溶解物,那么这种涂层由物理干燥涂料形成。

② 涂层膨胀或收缩,那么所使用的是一种氧化固化涂料,例如醇酸树脂。

③ 涂层没有发生任何变化,且棉布上也没有可见的剥落涂料,那么这种涂层由化学固化涂料形成。

涂层材料与各种溶剂的反应如表3.2所示。

图3.6显示了一种醇酸树脂涂层受到下一道环氧涂料中溶剂的影响,表面出现波浪状的纹路。若使用甲基乙基酮测试该涂层,也会出现类似的效果。

表 3.2 不同溶剂置于不同类型涂层表面之上所发生的反应

常见涂料	甲基乙基酮	二甲苯	乙醇
氯化橡胶涂料	溶解	溶解	不反应
乙烯基涂料	溶解	不反应	不反应
醇酸树脂涂料	膨胀或收缩	不反应	不反应
聚醋酸乙烯乳胶涂料	不反应	不反应	溶解
环氧涂料	不反应/略变软	不反应	不反应
聚氨酯涂料	不反应/略变软	不反应	不反应

图 3.6 醇酸树脂涂层接触强溶剂发生反应

3.6 预涂底漆

钢板和其他钢部件（如肋材）从轧钢车间或工厂出厂时若未生锈，其表面就会有一层氧化皮。使用钢制构件或钢制构件需暂时存放时，要为其涂覆预涂底漆。

图 3.7 显示了室外存放区内涂有预涂底漆的钢板。预涂底漆可以使钢材保持可焊接、可切割的状态。假如钢板涂上了环氧树脂涂料，且要在钢板表面焊接某些部件，那么焊接前必须将环氧涂层打磨掉。预涂底漆通常是一种用于保护钢材的硅酸乙酯富锌涂料。焊接涂有预涂底漆的钢材时，无需去除其表面涂层。

将未涂层的钢板和部件（如肋材）放入预涂底漆涂覆装置内，整个涂覆程序如下：

① 如有必要，去除钢材表面的油、脂和盐。

3 涂层材料

图 3.7 室外存放区内涂有预涂底漆的钢板

② 将钢板和部件(以下合称:钢材)放在传送带上,借助传送带可完成整个涂覆流程。传送带应合理设计,以避免损坏新涂的预涂底漆。

③ 首先将钢材输送至加热单元,目的是使钢材保持干燥,并将其预热到涂覆最佳温度。该温度大约为 30~40℃,具体取决于所用底漆类型和需要涂覆的干膜厚度。

④ 然后将钢材输送至喷砂单元。此处应根据 ISO 8501-1: 2007 标准,使用离心式喷砂机对钢材进行 SA2½ 级喷砂处理,使钢材表面获得预先指定的最小表面粗糙度。

⑤ 喷砂单元内在喷砂装置后方有一个清洁装置,用于清除钢材上的灰尘与磨料。

⑥ 随后,钢材被输送至涂覆单元,通过喷嘴将预涂底漆薄涂在金属表面。

涂覆后可进行如下检查:

① 钢材是否未受到污染。包括不含油、脂及表面最大含盐量为 50 mg/m²。

② 磨料是否不含盐和油污。取样并分析,同时检查磨料中包含多少杂质。

③ 喷砂后检查表面的粗糙度和钢材表面形成的纹理。

④ 离开喷砂单元后,检查钢材表面是否有灰尘和杂质。

⑤ 喷涂时用的喷嘴是否清洁,喷涂过程是否规则、均匀,是否存在涂层太薄或太厚的区域。可使用一块未喷砂的光滑钢板做对比,以检测涂层形态和干膜厚度。

⑥ 使用多组分涂料(如硅酸乙酯富锌涂料常用作预涂底漆)时要注意涂料适用期。所谓涂料适用期即涂料混合后允许放置的时间,超过这个时限,涂料将无法使用。需要检查涂料是否在适用期之内。

预涂底漆的类型会产生如下影响:

① 涂料的固化和干燥时间。

② 切割钢材的速度。

③ 钢材的可焊接性以及焊接钢材的速度。

④ 已涂覆钢材对环境和腐蚀的抵抗力。

⑤ 若要涂覆下一道涂层,应确认预涂底漆与下一道涂层是否兼容,如不兼容,则需要

去除预涂底漆。

⑥ 材料的机械性能(考虑预涂底漆的耐磨性和抗冲击性)。

预涂底漆一般采用薄涂,干膜厚度为 15～25 μm 内。因此,涂上预涂底漆后的表面轮廓形状依然是钢材喷砂后的表面轮廓形状。出于这个原因,无法准确测量钢材表面的干膜厚度。如果要确定涂覆单元中喷嘴在钢材表面形成涂层的干膜厚度,则应将未经喷砂的光滑钢板放置在喷涂单元,完成喷涂后即可检测干膜厚度。

预涂底漆有不同的类型。可用的黏结剂包括环氧树脂和硅酸盐,可用的颜料包括锌、氧化铁或硫酸锌,最常用的预涂底漆是硅酸乙酯富锌涂料。

3.7 洗涤底漆

洗涤底漆适用于镀锌或铝制表面,它以聚乙烯醇缩丁醛为黏结剂,以铬酸锌为颜料。它可以提升表面与涂料之间的黏合力。涂覆这种涂料前,表面必须不含油、脂和盐。喷涂时,涂层的干膜厚度一般为 5～10 μm。洗涤底漆中含有磷酸,可对材料进行磷化处理。

许多涂料制造商提供用于不锈钢表面、镀锌表面和铝制表面的环氧底漆,这种底漆也可以用作下一道涂层的黏合促进剂。为此,必须通过打磨或喷砂在材料表面形成足够的粗糙度。对此类材料进行喷砂处理时,应使用非金属磨料。金属除锈剂会污染材料表面,并可能在某些区域造成电化学腐蚀。

3.8 涂料说明书

涂料制造商提供涂料说明书,不同制造商提供的涂料说明书各不相同,但包含相同的基本内容。

涂料说明书一般由以下部分组成:

1) 一般产品说明

描述涂料的类型,给出一些基本数据。如果要将涂料涂覆在已有涂层上,那么一般产品说明可以提示该涂料是否与其他制造商的涂料兼容。示例:这是一种双组分聚氨酯涂料。

2) 产品的设计用途

描述产品可以使用在哪些区域。以船舶行业为例,可以指出某一涂料产品适用于船体外壳、舱外舱内区域以及压载水舱。

3) 颜色

给出了涂层的不同颜色。制造商还可以调出 RAL 色卡或 NCS 色卡中的任意颜色。

3 涂层材料

4)可提供产品的选择

有时,某一种产品可能有不同的可选版本。例如一类含铝颜料,另一类含玻璃鳞片。又如,某双组分产品,其中一类适用于低温环境,另一类适用于高温环境。再如,某涂料制造商制造的化学固化环氧涂料,其中一类适用于10℃以下的环境,另一类适用于10℃以上的环境。一般来说,造成两者区别的原因是使用了不同的硬化剂。

5)产品数据

① 体积固体份:体积固体份是涂料中非挥发性成分所占的百分比。如果体积固体份为82%,则代表液态涂料中82%的成分硬化后形成涂层,而18%的成分挥发到空气中。

② 闪点:闪点是指在火焰的存在下,能瞬间闪火时的最低温度。如果移除火源,火将再次熄灭。

③ 密度:液态涂料的密度以 kg/L 为单位。

④ 挥发性有机化合物(volatile organic compound,VOC):涂料中的挥发性有机化合物。由于VOC中的主要成分是挥发性溶剂,其对施工安全至关重要。VOC不应吸入人体,通常以 g/L 为单位。

6)厚度

① 厚度:涂层材料的层厚度通常以 μm 为单位,即 1×10^{-6} m。

② 干膜厚度:干膜厚度(dry film thickness,DFT)是指涂层材料硬化后保留在工件表面上的涂层厚度。

③ 湿膜厚度:湿膜厚度是指工件表面涂层材料依然潮湿时的涂层厚度,湿膜中包含了挥发性成分。

④ 理论涂布率:理论涂布率表示每 1 L 涂料可以涂布的面积(m^2)。若要求干膜厚度为 150 μm,使用 1 L 体积固体份为82%的涂料,理论上可以涂布的面积为 5.5 m^2。

7)表面处理

① 表面处理相关内容告知用户可参考的ISO,并给出所使用涂料对表面处理等级的要求。通常会给出最低表面处理等级和推荐表面处理等级,例如,涂料涂覆于钢材时,要求钢材表面至少按 ISO 8501-1: 2007 标准 ST2 等级进行处理,推荐按照 SA2 等级进行处理。

② 表面容限表示,涂层不一定需要涂覆在 SA2½ 喷砂表面,也可以涂覆在 ST2 等级表面或经过超高压清洗除锈的表面。涂料说明书中会给出表面处理的最低标准和推荐标准。如果某种涂料非表面容限型涂料,那么通常要求表面至少经过 ISO 8501-1: 2007 标准 SA2½ 喷砂处理。

8)施工

提供喷涂、刷涂及滚涂时的注意事项。

若涂料为多组分涂料,那么会给出各组分的混合比例。

9)稀释剂

给出涂料适用的稀释剂。使用稀释剂的目的是改变涂料的黏度及改变涂料固化时间。

10) 干燥和固化时间

涂料说明书中,通常会给出涂层干膜厚度为 100 μm 时,不同基材温度对应的涂料固化时间。如果涂层更厚一些,那么涂料需要更长的时间才能固化。咨询涂料制造商,可获得特定干膜厚度所需的涂料干燥及固化时间。

干燥和固化时间与温度有关,说明书给出不同温度下涂层干燥或固化所需的时间。

① 最小涂覆间隔时间:进行下一道涂覆之前需等待的最短时间即为最小涂覆间隔时间,其与待涂覆基材的表面温度有关。

② 最大涂覆间隔时间:对于化学固化涂料,还存在最大涂覆间隔时间。如果要在现有涂层上进行下一道涂覆,但已经超过了现有涂层的最大涂覆间隔时间,那么必须对现有涂层进行一定的处理。为了让下一道涂层能够牢固附着,必须打磨现有涂层,使其表面形成一定的粗糙度。

11) 反应时间和适用期

① 反应时间是指涂料从混合到涂覆之间的时间,这段时间内,各组分充分混合并发生反应。反应时间与涂料的温度有关。

② 适用期是指涂料混合后允许放置的时间,超过这个时间,涂料将无法使用。涂料的适用期与涂料的温度有关,也称为混合使用寿命。超过适用期后,需妥善处理剩余的已混合涂料。

12) 稳定性和耐受性

这部分内容给出涂层材料在使用环境中呈现出的特性,包括在低温或高温环境下的性能以及对化学品的耐受性等。

13) 产品兼容

给出该涂料可涂覆于何种涂料表面;给出何种涂料可作为下一道涂料涂覆于该涂料表面。

14) 包装规格

给出涂料的各种包装规格。

15) 储存

给出涂料的保质期及储存条件。储存条件可能包括最低储存温度和最高储存温度。

4 涂覆方法和膜厚测量

表面预处理完毕,下一步就是涂覆。涂覆方法有多种,选择哪种方法取决于涂覆的是部件(如导缆道、管道)还是大面积钢材表面。

4.1 涂覆方法

滚涂、刷涂和喷涂是船舶与海洋工程行业最常用的三种涂覆方法。因此航运公司、造船厂和涂料制造商也重点关注这几种方法。镀锌和粉末喷涂适用于涂覆较小的零部件。此外,还要简单介绍一下热涂覆,这是一种特殊的涂覆方法,极少用于船舶与海洋工程行业。

4.1.1 金属涂层

保护金属的一种有效方法是在其表面覆上一薄层另一种金属。在船舶与海洋工程行业中,锌是最常用的金属涂层材料。为了达到防腐蚀的目的,可以牺牲一种金属以保护另一种金属。

金属涂层较多涂覆于小型部件(如管道、格栅、导缆道)。工件表面锌涂层的平均厚度为 75~100 μm。部件应具备这样的设计,即部件所有部分都能完全沉浸在液体中。

通常有三种涂覆方法:电解电镀;浸入热锌中,即热浸镀锌;热喷涂。

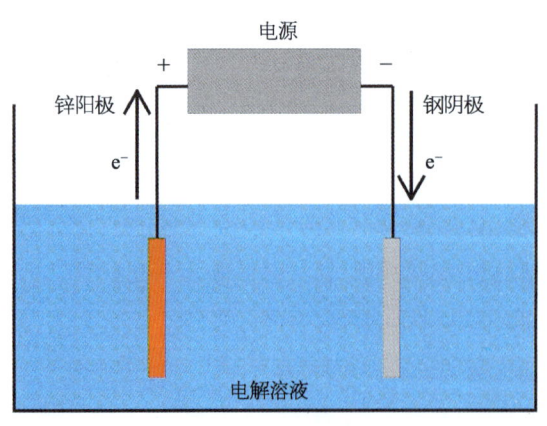

图 4.1 电解电镀

4.1.1.1 电解电镀

电解时,钢材作为阴极,镀层金属作为阳极,如图 4.1 所示。阳极金属溶解,并在阴极形成镀层。使用这种方法时,金属必须不含油、脂、水垢和盐等杂质。

4.1.1.2 热浸镀锌

热浸镀锌时,先将部件依次浸入不同的液体中,然后浸入熔融锌液中。热浸镀锌分为湿法和干法两种。实际较常用的是干法热浸镀锌工艺。

部件上必须没有残留物,如老旧的锌涂层、蜡粉、焊渣等,可以通过机械清理或喷砂来清理残留物。喷砂或除锈后必须清洁部件(如使用工业吸尘器)。为了尽量减少焊接飞溅物,可以使用焊接喷雾剂;若部件后续采用热浸镀锌工艺,则需要选择不含脂类或不含硅的焊接喷雾剂。

干法热浸镀锌步骤如下:
① 将部件浸入温热的碱性溶液中进行脱脂。
② 将部件浸入清水冲洗池中,以除去碱性溶液。
③ 在 12%～15% 的盐酸或硫酸溶液中进行酸洗,以去除水垢和其他杂质。
④ 将部件浸入清水冲洗池中,以除去酸性溶液和污染物。
⑤ 浸入助镀剂池中。通过氯化锌和氯化铵浸润部件,目的是使表面能够镀上均匀的锌涂层。
⑥ 将部件放置在干燥箱中。
⑦ 将部件浸入温度约为 460℃ 的熔融锌中。
⑧ 将部件再次浸入水中。

湿法热浸镀锌时,助镀剂池中的氯化锌和氯化铵会留在熔融状态锌液的表面。

4.1.1.3 热喷涂

采用热喷涂法在一种金属表面涂覆另一种金属时,需要将后者喷涂到金属表面之上。
① 用火焰将金属粉末喷涂到表面。
下列金属可用作金属粉末:铝、锌、锌铝混合物、铝锰混合物、铁、铬铁混合物。
可燃烧乙炔或丙烷气体形成火焰。
② 将熔融金属丝喷涂到表面。
金属丝可由锌或铝制成。
金属丝在 20～40 V 电压、100～500 A 电流下熔融。
③ 使用等离子气体将金属粉末喷涂到表面上。
金属粉末可以是钛或铁-铬-镍混合物。
金属以高达 80 kW 的等离子体熔融。

热喷涂时,要求表面按以下标准处理:
① 钢结构预处理等级达到 ISO 8501-3: 2006 标准 P3 等级。
② 表面无油、脂,最大盐含量为 50 mg/m²。
③ 根据 ISO 8501-1: 2007 标准,使用角磨料对表面进行 SA2½ 至 SA3 等级的喷砂处理。
④ 具有中等至粗糙的表面粗糙度;根据 ISO 8503-1: 2012 标准,Ry_5 的范围为 60～100 μm。

应将热喷涂工作交给经验丰富的涂装工完成。喷枪与表面之间的平均距离为 15 cm,金属涂层的厚度约为 200～400 μm。如果要涂覆下一道涂层,首先要涂覆一薄层合适的环氧涂层,厚度为 30 μm 左右。

4 涂覆方法和膜厚测量

上述流程的成本非常高,所以仅用于涂覆特殊部件。热喷涂的优点是可以将金属厚涂到其他金属上。

4.1.2 粉末涂料

粉末涂料常用于涂覆海水管道或其他小型部件。粉末涂料的优点是形成的涂层质地均匀且光滑,并可以厚涂。粉末涂料不含溶剂。粉末涂层可以保护部件免受环境侵蚀。需在指定的车间进行涂覆工作,多余的粉末经收集后可以重新使用。

在船舶与海洋工程行业,常使用环氧化物或环氧-杂化聚酯作为黏结剂。

待涂覆表面应进行如下准备工作:

① 钢结构达到 ISO 8501-3: 2006 标准 P3 预处理等级。

② 表面不受油、脂污染,最大盐含量为 50 mg/m^2。

通常按照 ISO 8501-1: 2007 标准对表面进行 SA2½ 喷砂处理,并按 ISO 8503-1: 2012 标准使表面获得 60~100 μm 的粗糙度,喷砂时使用角磨料。

图 4.2 所示为喷涂粉末前的喷涂试验板;图 4.3 所示为在试验板上喷涂粉末。

图 4.2 喷涂粉末前的喷涂试验板

图 4.3 在试验板上喷涂粉末

手动喷涂时,可使用静电喷涂法用喷枪喷涂粉末,所以部件必须接地。粉末在喷枪中带静电,从而可以在喷涂时最佳地分布于部件表面。若喷涂于冷部件表面,则可以获得的干膜厚度范围为 50~125 μm;如果将部件预热,则可以获得超过 500 μm 的干膜厚度。

另有一种涂覆方法,是将部件浸入带静电的粉末中(图 4.4)。

空气使粉末旋升,粉末停留在膜上。膜下方是带静电的格栅,粉末在此获得静电。涂覆时,通常会将部件加热至 200~300℃,然后将部件接地并浸入带静电的粉末云雾中。

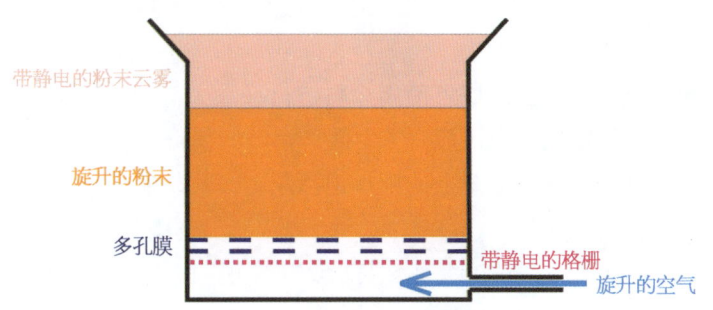

图 4.4 静电"流化床"浸涂

使用这种涂覆方法可获得干膜厚度达 2 500 μm 的涂层。

涂覆有粉末涂料的部件可放入固化炉中,涂层在 110~250℃ 的温度下硬化,并在部件表面呈现出光滑且具有光泽的状态。

图 4.5 所示为固化炉中涂有粉末涂层的部件;图 4.6 所示为经固化炉固化的粉末涂层试验板。

图 4.5 固化炉中涂有粉末涂层的部件

图 4.6 经固化炉固化的粉末涂层试验板

4.1.3 液体涂料

在船舶和海洋工程领域的腐蚀防护以及建筑物腐蚀防护中,一般使用的液体涂料涂覆方法有三种:滚涂、刷涂、无气喷涂。

相关概念基本定义如下:

① 无气喷涂:通过泵(通常为柱塞泵)和软管,将涂料在无空气的状态下高压喷射到部件表面的喷涂方法即为无气喷涂。

② 预涂：在开口、边缘和不规则轮廓（如焊缝）等区域，使用喷涂无法达到理想的涂覆效果，则可以使用刷子进行预涂。

③ 补漆：面积较小的生锈区域可使用涂料进行补漆。

④ 满涂：将涂料涂覆到整个区域。

⑤ 底漆：表面经预处理后涂覆上的第一道涂层。

4.1.3.1 涂覆前准备

涂覆前必须检查准备的涂料是否符合要求。按照说明书检查涂料的种类及颜色是否正确。此外，还要检查涂料是否在保质期内。

对于双组分涂料而言，可能会有不同的固化剂。例如，在较低温度条件下涂覆环氧涂料时可以使用冬季用固化剂，而在正常温度条件下涂覆时可以使用标准固化剂。固化剂的产品信息中给出了使用温度的限值。通常而言，当环境温度及表面温度低于+10℃时可以使用冬季用固化剂；当环境温度及表面温度高于+10℃时可以使用标准固化剂。不同固化剂可能会影响固体体积，进而影响涂层的湿膜厚度。必须按照涂料说明书上的比例混合不同的组分。

手工混合涂料无法充分搅拌涂料，导致各组分不能充分混合。应使用搅拌器混合涂料，直至涂料质地均匀。图 4.7 所示为搅拌器上的搅拌棒。

记录所使用的涂料的批号。如要改变涂料的黏度，则可将涂料在一定温度下保存。涂料的温度越高，其黏度越低。如果采用无气喷涂法，则必须用正确的方法使涂料雾化。使用过程中如有疑问，应咨询涂料制造商。如果涂料与待涂覆基材之间的温度差太大，那么涂层可能会产生缺陷。此外，应按照涂料说明书中的规定稀释涂料，否则可能导致涂料过稀。

开始涂覆之前及涂覆期间的气候条件应符合规定，并做记录。如果气候条件不符，则不能开始涂覆工作。

在封闭空间内涂覆时应注意空间的正确通风。含溶剂的涂料挥发会导致空间内氧气含量降低。涂覆时，必须穿着合适的防护服。进行无气喷涂时，必须佩戴呼吸防护面具。

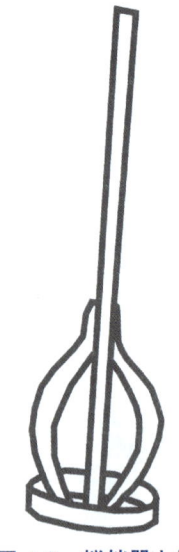

图 4.7 搅拌器上的搅拌棒

必须保留涂覆作业记录，并由相关负责人签名（表 4.1）。

4.1.3.2 刷涂

刷子（图 4.8）是一种理想的涂覆工具，因为刷子能将涂料均匀地涂覆于物体表面之上。刷子尤其适用于涂覆不规则表面（如焊缝）。无气喷涂不能覆盖所有区域，无气喷涂无法覆盖的区域可以用刷子涂。对于不规则表面，推荐使用圆形刷，因为圆形刷可以很好地吸收涂料，且能在涂覆时发挥最佳性能。通常可以根据使用区域选择平刷或底漆刷。预涂或小面积补漆时均可以使用刷子。使用刷子的另一个优点是可以获得较厚的涂层，例如湿膜厚度约为 100 μm 的涂层。

4.1 涂覆方法

表 4.1 涂覆作业记录表示例

对象			涂 覆 记 录						编号	1	页码	1
			Tank 401			表面处理		MV Elsfleth				
								SA2½ acc. ISO 8501-1△:△△ 2007				
对象范围/部件	颜色	日期	时间	涂覆方法	环境温度/℃	表面温度/℃	相对空气湿度	露点/℃	额定湿膜厚度/μm	额定干膜厚度/μm	干膜厚度/μm	签名
环氧胶 1234 成分 A 批号××123456 成分 B 批号××654321	铝色-红 Alu-Red	02.06.15	09:00	刷涂/预涂 Brush/Stripe Coat	21	20	33	2.5	180	150		张三
环氧胶 1234 成分 A 批号××123456 成分 B 批号××654321	铝色 Alu	03.06.15	09:00	无气喷涂/满涂 Airless Spary/Full Coat	21	20	36	3.4	180	150	225	李四
环氧胶 1234 成分 A 批号××123453 成分 B 批号××654322	浅灰 Light grey	04.06.15	09:00	刷涂/预涂 Brush/Stripe Coat	21	20	33	2.9				王五
环氧胶 1234 成分 A 批号××123453 成分 B 批号××654322	浅灰 Light grey	05.06.15	09:00	无气喷涂/满涂 Airless Spary/Full Coat	21	20	29	1.9	180	300	494	赵六

刷涂的缺点是耗时较长,若涂覆面积较大,则不适合使用刷子。

使用前,先清理刷子上松散的刷毛。若涂刷的是双组分涂料,那么使用后要更换新刷子。

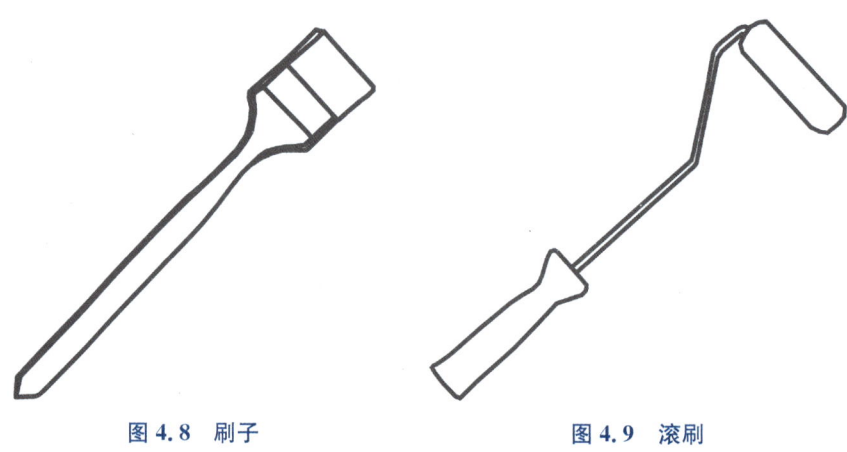

图 4.8　刷子　　　　　　　　　图 4.9　滚刷

4.1.3.3　滚涂

使用滚涂会在表面和涂层材料之间形成薄薄的气垫,使涂层有时出现气泡。出现气泡的区域通常最先生锈,因此滚涂不适用于涂覆底漆。此外,使用滚涂很难获得较厚的涂层,一般来说滚涂可以获得的最大湿膜厚度为 60 μm。无法喷涂,且面积相对较大的区域适合使用滚刷(图 4.9)来涂覆,这种情况下更注重的是视觉效果而非涂层厚度。推荐使用马海毛材质的滚刷,因为这种材质在多种溶剂中的耐受性较好。

4.1.3.4　无气喷涂

在泵(通常是柱塞泵)的作用下,涂料经软管被喷涂到表面(图 4.10)。在混合好的涂料桶中插入泵吸管,泵利用空气开始运行。无气喷涂过程中常常出现这样的情况,即电机处的火花可能会引燃可燃气体或液体。此外,涂料桶中应常备一个搅拌器,该搅拌器在涂覆过程中也要定时开启,以防密度较大的颜料出现沉降。

涂料经由软管输送至喷枪(图 4.11)。扣动喷枪上的扳机,涂料便可喷射而出。涂料说明书上给出了涂料到达喷嘴时应有的压力,同时也推荐了喷嘴的尺寸。需要注意的是,喷涂前后应使用稀释剂彻底清洁泵和软管。开始无气喷涂作业时,应为喷枪换上全新的喷嘴,且喷嘴必须是清洁且性能良好的,如此才能使涂料均匀分布于表面。喷涂完成后或喷涂中断时,都要用稀释剂冲洗设备。应使用涂料说明书上

图 4.10　无气喷涂所用的泵

指定的稀释剂。

图 4.12 所示为正在用长杆式喷枪进行防污漆无气喷涂。此方法适用于面积较大且难以触及的区域。喷枪应与表面保持适当的距离。

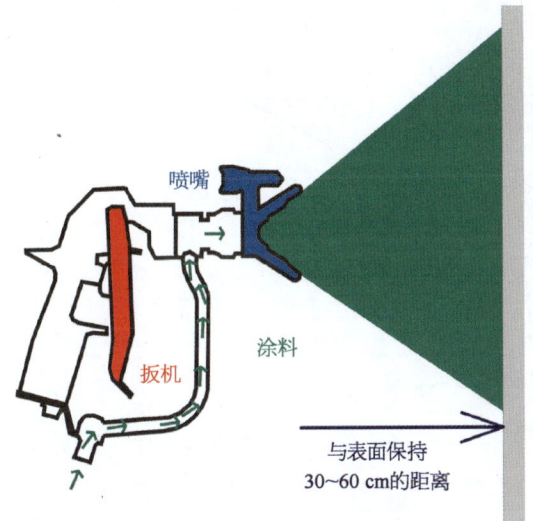

图 4.11 无气喷涂所用的喷枪

图 4.12 用长杆式喷枪进行防污漆无气喷涂

喷枪必须平行于表面匀速移动,并与表面保持 30~60 cm 的距离(图 4.13)。扣动扳机时,喷枪必须处于运动状态,以免在某一点涂覆过厚的涂料。

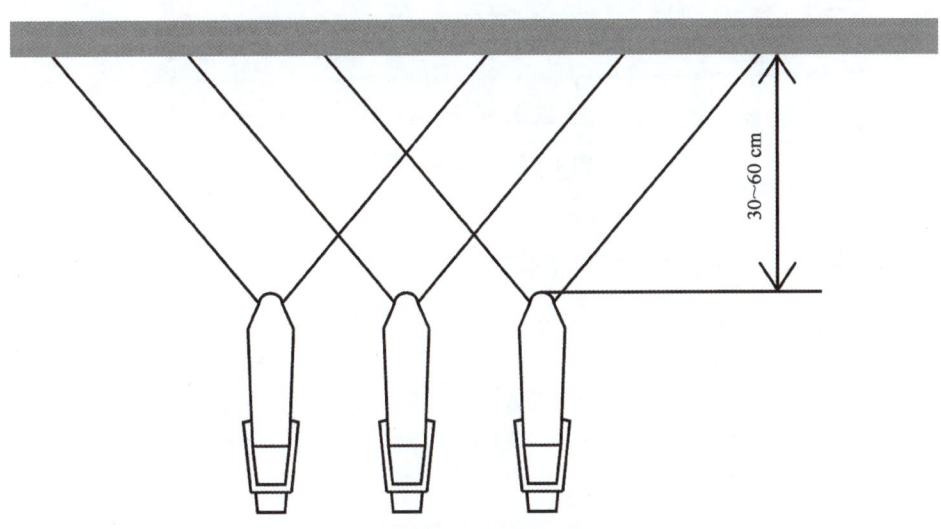

图 4.13 正确的喷枪移动轨迹

如果喷枪未与表面保持平行,则可能会导致涂料分布不均匀(图 4.14),即有些区域的涂层过厚,而另一些区域的涂层过薄。喷射出的涂料有一部分在空气中停留时间较长,这部分涂料在空气干燥,最终在表面形成干喷。干喷表面的附着力不及正确涂覆的涂层,

4 涂覆方法和膜厚测量

如果要在某个被漆雾污染的表面之上涂覆下一道涂层,那么在涂覆涂料之前必须用打磨的方法去除漆雾。

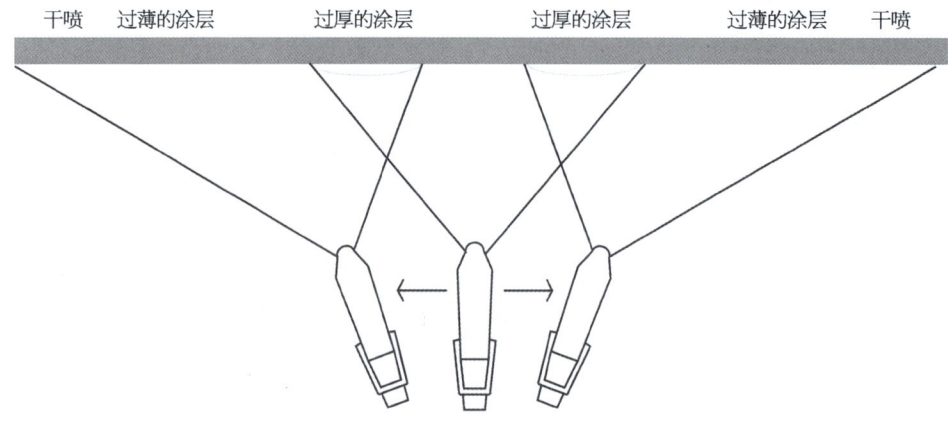

图 4.14 错误的喷枪移动轨迹

图 4.15 显示了平坦表面的喷涂方法。沿箭头方向移动喷枪。喷涂时,一个区域始终与另一个区域重叠 50%。在扣动喷枪扳机之前,即涂料被输送到喷枪之前,需用手保持喷枪的匀速移动。

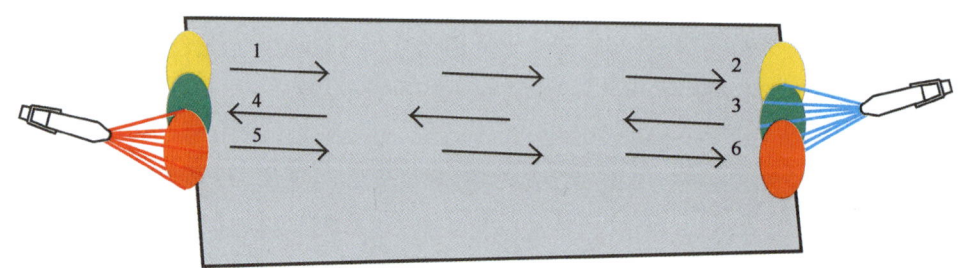

图 4.15 喷涂平坦表面

在涂覆过程中必须注意以下事项:
① 应定期检查湿膜厚度是否在正确范围内。
② 环境温度、表面温度、通风或风力条件会影响涂覆结果,因此必须定期检查这些因素。
③ 喷涂无法覆盖的区域,如肋材、角落等,需要预涂,然后再喷涂整个表面。
④ 应根据涂料类型和涂覆作业的不同选择合适的喷嘴。选择时可以参考涂料说明书中的建议。
⑤ 在消耗了 400~500 L 涂料后,必须更换新的喷嘴。

4.1.3.5 预涂

预涂也被称为条涂层。使用喷涂法不可能有效覆盖所有区域,例如自由切边、角落、边缘以及不规则焊缝等。

在图 4.16 中,焊缝及某些边缘处的锈迹特别明显。生锈的边缘可能都比较锋利,因为锋利边缘处的涂层厚度相对较薄,因此这些地方很快就出现了涂层缺陷。焊缝生锈的原因有可能是因为焊缝被焊接烟雾所污染,也有可能是钢结构预处理工作不到位。预涂的目的是使下列区域的干膜厚度符合要求:角落和边缘,肋材隆起处,不规则焊缝,自由切边。

预涂时使用刷子,刷子可以将涂料均匀涂覆在表面之上。预涂时不得使用滚刷,因为滚刷会在涂料与表面之间形成气垫。

图 4.16　舱室内涂料系统呈现出的缺陷

所有部件都应至少预涂一次,对于装载强腐蚀性介质的舱室可以进行三遍预涂。预涂时适当稀释涂料,以便用刷子将涂料更好地涂覆于焊缝表面。

图 4.17 中的预涂工作十分完美,焊缝、边缘和自由切边均未遗漏。图中的预涂对象是一个舱室,在其表面经过 SA2½ 喷砂处理并精细清洁后,进行了第一次预涂。

图 4.17　正确的预涂

即使目测预涂工作完成得很好,也要借助镜面检查所有切边及隐蔽区域。图 4.18 所示为使用镜子发现某切边处缺失了一小块预涂涂层。

图 4.19 中所示的预涂工作遭到了检验员的否定。这是由滚刷完成的预涂,一些焊缝和边缘未涂覆。

预涂时应遵守涂料说明书中有关最小可涂覆间隔和最大可涂覆间隔的规定。例如,预涂的平均干膜厚度为 80 μm,钢材表面平均温度为 20 ℃,参考涂料说明书,可知表面温

4 涂覆方法和膜厚测量

图 4.18　自由切边处缺失一小块预涂涂层

图 4.19　错误的预涂

度为 20℃、涂层厚度为 100 μm 时，最小可涂覆间隔为 24 h，因此要将干燥时间设定在 24 h。一般来说，船舶入坞维修的时间非常紧，于是出现了这样的疑问：能否在完成预涂后，立即涂覆完整涂层。

预涂后立即涂覆完整涂层的做法主要有两个缺点：

① 由于涂料仍然是湿的，因此无法详细检查预涂的情况。

② 预涂区域上方的涂层上可能会出现小孔。尚未完全固化的涂料会排出气体，这些气体在下一道涂层中形成微小的气孔或气泡。如果刺破气泡，则会散发出溶剂的气味。

预涂的顺序也至关重要。除锈后（如经 SA2½ 喷砂处理的舱室）进行预涂，有以下选择：

① 除锈并清洁后进行预涂。待涂层充分固化且等待时间已超过最小可涂覆间隔，再进行整个表面的涂覆工作。

② 除锈并清洁后先涂覆一道涂层，待涂层固化后再进行预涂。

第一种方法的优点是可以将涂层材料最佳地涂覆到表面上，涂层将覆盖预涂层。如果先涂覆完整涂层,则存在不规则区域表面与涂层之间残留空气的风险,这将导致涂层系统出现缺陷。这种方法的缺点是在涂覆完整涂层前的等待时间内,表面可能会被污垢再次污染。实践中,涂覆任意一道涂层之前都应检查表面是否清洁,若怀疑表面被污染,则应清洁表面。如果表面被灰尘污染,那么可以使用工业吸尘器清洁。尤其对于喷砂表面,还存在这样的风险,即经过除锈的区域可能再次生锈。因此必须控制表面的湿度和温度。理想情况下,应将表面湿度控制在40%以下;应将表面温度控制为20℃;应避免在待涂覆区域形成冷凝水。

第二种方法的优点是,大部分表面经第一道涂覆后被"密封",从而可以保留光泽且不会受到污染。缺点是涂料可能无法完美地涂覆于表面焊缝处。

4.2 膜厚测量

涂层厚度包含湿膜厚度和干膜厚度两类参数(图 4.20)。湿膜厚度(wet film thickness,WFT)是湿涂层的厚度,干膜厚度(dry film thickness,DFT)是涂层固化后的厚度。

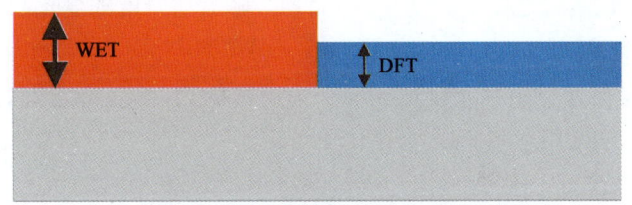

图 4.20 湿膜厚度和干膜厚度

4.2.1 湿膜厚度的测量

使用符合 ISO 2808:2007 标准的梳齿仪(图 4.21)可以测量湿膜厚度。根据梳齿仪上刻度可以读出以 μm 为单位的涂层厚度。测量时,将梳齿仪垂直压入刚涂好的涂层中,根据涂料在梳齿仪上的沾染情况,即可根据梳齿对应的刻度获得湿膜厚度。

读数方法及注意事项:

① 湿膜层厚数值位于最后一个粘上涂料的梳齿与下一个未粘上涂料的梳齿之间。

② 如果梳齿全部粘上涂料,那么应该使用刻度较大的梳齿仪。

③ 如果梳齿全部未粘上涂料,那么应该使用刻度较小的梳齿仪。

将物理干燥涂料涂覆于物理干燥涂层上时,无法使用上述方法测得准确的湿膜厚度,因为新涂覆的涂料会溶解之前的涂层。比如在船体水下部分的旧防污涂层上再涂覆一层新的防污涂层,若要了解新涂层的厚度,可以参考涂料的用量。

4 涂覆方法和膜厚测量

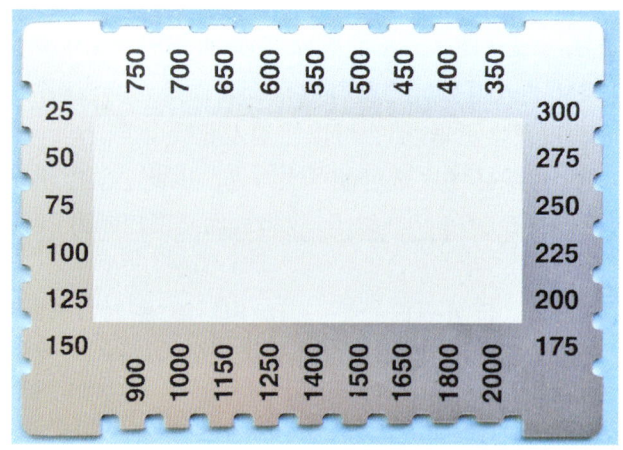

图 4.21 湿膜梳齿仪

4.2.2 干膜厚度的测量(参考 ISO 19840: 2012 标准)

最常用于测量 DFT 的仪器是带有探头的测量仪,其测量原理各有不同:

1) 磁感应原理

测量磁体和磁性基材之间的磁通量,磁通量会随涂层厚度的变化而变化。

2) 磁引力脱离原理

测量克服磁性探针与雌性基材之间磁引力所需的力,然后将测得的力转化为涂层厚度。这种测量仪并不常用。

3) 电磁感应原理

测量钢材表面涂层厚度所用的探头型测量仪最常用的原理就是电磁感应原理。测量时,探头发出电磁场,电磁场的阻力与涂层厚度成比例。

4) 非磁性表面的涡流原理

将探头放置在样品上,探头发出高频电磁场。电压的幅度和相位受探头与底层之间的距离影响,由此可计算出涂层厚度。

图 4.22 中所使用的仪器是一种先进的涂层厚度测量仪。探头接触涂层即可测得涂层厚度。由于探头通过导线连接至仪器,所以该仪器能够可靠地测量较难触及区域的涂层厚度,这是这种测量仪的一大优势。如果将探头放置在边缘、污垢或生锈处进行测量,那么得到的涂层厚度是不准确的。有些先进的测量仪还能记录测量结果,其可将测量结果输入软件,软件通常显示以下内容:

① 测量的次数。

② 测得的最大涂层厚度。

③ 测得的最小涂层厚度。

④ 一张表格,显示所有单次测量结果。

⑤ 一张图表,显示测量结果分布情况。

4.2 膜厚测量

图 4.22　测量框架凸出部分上的干膜厚度

在正式测量之前,应在测量各方均在场的情况下校准测量仪。根据测量仪的使用手册,在试板上铺上代表不同涂层厚度的测量箔片进行校准测量。

对于涂层厚度的测量,建议在涂装合同的详细说明中写明,需根据 ISO 19840 现行标准测量干膜厚度。

由于表面通常经过喷砂处理,因此必须根据 ISO 19840:2012 标准第 7 章内容修正测量结果。以 ISO 8503-1:2012 标准表面粗糙度等级为基础,对不同粗糙度的表面进行试验并获得修正值,具体如表 4.2 所示。

表 4.2　干膜厚度测量修正值

符合 ISO 8503-1 标准的表面粗糙度等级	修正值/μm
细	10
中	25
粗	40
未知	25

将测量结果减去修正值可获得干膜厚度的准确数值。如果表面粗糙度未知,则取修正值为 25 μm。如果测量叠加在一起的多层涂料,则应在最后的测量结果中减去修正值。

4 涂覆方法和膜厚测量

例如,某表面的粗糙度等级为"中",完整涂覆了三层涂层,额定干膜厚度为 300 μm。测量样品获得的结果为 367 μm,那么经过校正后的 DFT 为 367 μm － 25 μm ＝ 342 μm。也可以根据修正值来校正测量仪。

按 ISO 19840 标准进行测量时,可制定测量计划。根据测量对象的面积或延米确定最少测量次数和可重复测量的最多测量点数。测量的对象可能是一个舱室,或者船体外壳上的某片区域。对于那些涂覆难度较大的区域,应进行多次测量。

图 4.23 中,测量了舱室底漆的厚度。若测量结果即 DFT 小于额定干膜厚度 NDFT,说明底漆过薄。

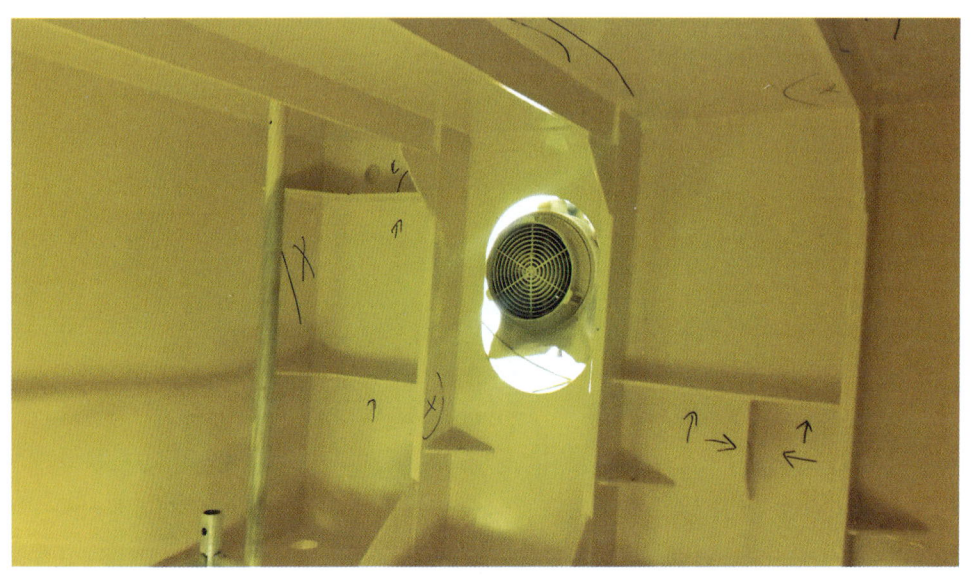

图 4.23　测量舱室肋材上底漆的厚度

图 4.23 中主要测量的是肋材上的涂层厚度。测量时,应使用耐久性记号笔记录某个区域的平均干膜厚度。图中仅有一小部分区域的涂层过薄,但这些区域不是重点区域。通常意义上的重点区域指的是紧邻的钢结构、肋材隆起处及管道。有些区域可以从正面进行喷涂,而有些区域则无法进行喷涂,后者恰恰是最可能出现缺陷的区域。

图 4.24 所示舱室平面上涂层的问题较少。重点区域用箭头(耐久性记号笔)标记。未测量角落和边缘的涂层厚度,应使用正确方法对角落和边缘进行预涂。

记录测量结果,符合以下准则,则检测区域的干膜厚度可以通过验收:

① 所有测量值的算术平均值应大于或等于额定干膜厚度 NDFT。
② 所有测量值应大于或等于 NDFT 的 80%。
③ 所有测量点中,低于 NDFT 但不低于 80%NDFT 的测量点应不超过总测量点的 20%。
④ 所有测量值应低于或等于规定的最大干膜厚度。ISO 12944－5:2007 标准第 5.4 节建议最大干膜厚度为额定干膜厚度的 3 倍。有时,涂料说明书上会给出其

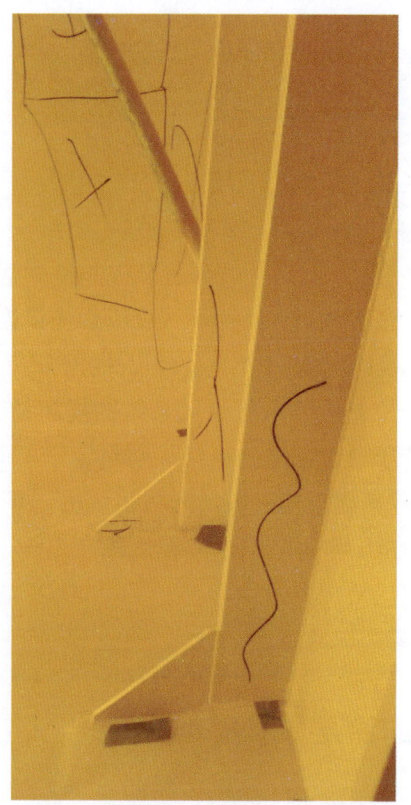

图 4.24 测量舱室平面上底漆的厚度

他参考值。

涂层过厚容易导致涂层破裂,对涂层系统的耐久性不利。

5 涂层缺陷

出现涂层缺陷的原因有很多种,包括表面预处理方法错误、机械性破坏、涂层系统老化、涂层涂覆于受污染表面、涂覆方法不当等。可以根据 ISO 4628 标准中的相关内容评定涂层的损坏程度。船级社检查压载水舱涂层系统的损坏情况时,可参考相应的评定系统。评定系统对于检查和基于检查结果的维修计划制定非常重要。应该区分涂层缺陷是在涂覆期间出现的,还是在涂覆之后的一段时间内出现的。登记涂层缺陷时,必须对缺陷进行定位,并确认缺陷是仅在小范围内出现,还是大面积出现,或是影响了整个组件(如储罐或船体水下部分)。

5.1 涂覆不当导致的涂层缺陷

涂覆的过程中可能会出现各种缺陷,这些缺陷通常是比较容易处理的。错误的喷涂方法往往是出现缺陷的主要原因,涂层过厚也可能会导致缺陷。喷嘴不清洁或喷嘴状况不理想会导致喷涂不均匀,这在后续的涂层检查中会被评定为缺陷。

5.1.1 涂料流挂

自下而上喷涂表面或涂层过厚时,将出现涂料流挂的现象(图 5.1)。涂料的黏度是

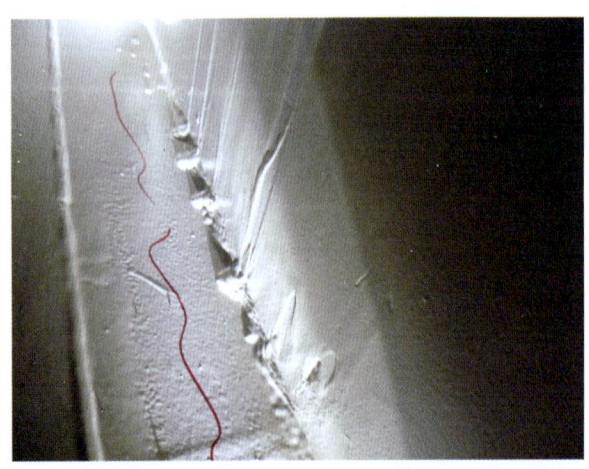

图 5.1　涂料流挂

影响涂料流挂的主要因素,涂料的黏度越低,处于湿膜状态的涂层流挂得越快。

图 5.2 中的缺陷可以通过打磨来修正。打磨时,应注意使表面平滑过渡。涂料流挂处经打磨后干膜厚度变薄,因此需要进行清洁并重新涂覆。

图 5.2　舱室中出现流挂的涂料

5.1.2　干喷

喷涂过程中的风太大或喷涂轨迹不正确,都可能使漆雾附着于表面(图 5.3)。涂料在空气中传播时已经部分干燥,之后落于表面某些区域并附着。这些区域较粗糙,涂层干燥后,杂质很容易在此黏附。如果要涂覆下一道涂层,那么这层涂层的附着力会因为漆雾的存在而有所降低。

图 5.3　漆雾

5 涂层缺陷

可以通过打磨机或手工打磨来去除干喷漆雾。打磨之后,需清理表面的打磨灰尘。可以根据 ISO 8502-3: 1992 标准进行灰尘测试以评估表面的清洁程度。

5.1.3 涂层过厚及涂层开裂

在图 5.4 和图 5.5 中可以看到呈波纹状的涂层,出现这种情况的原因是涂层过厚。这种涂层缺陷被称为"橘皮"。当某个表面被干喷漆雾污染,并在该受污染表面上涂覆下一道涂层时,也会产生这种缺陷。该缺陷只能通过打磨过厚涂层,然后用刷子在打磨处上漆来解决。

图 5.4　涂层过厚"橘皮"

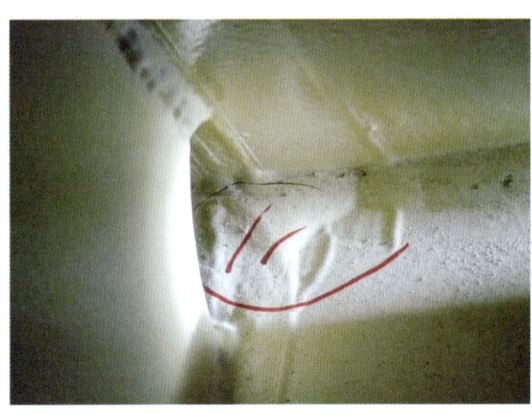
图 5.5　涂层过厚,涂层上出现裂纹

从图 5.5 中可以看到,该处的涂层厚度严重超过标准,且涂层上出现了裂纹。如果表层的涂料硬化速度比底材处的快,那么会增加涂层开裂的概率。如果涂层出现裂纹,应打磨涂层过厚处,直至露出金属底材,然后再使用刷子重新涂覆该区域。

5.2　涂层上的气泡或孔洞

涂料内部可能会出现气泡(图 5.6),应区分是在涂覆过程中直接形成气泡还是在涂覆一段时间后出现气泡。若在涂覆过程中出现气泡,则应立即停止涂覆工作。

涂覆时出现气泡的原因可能包括:
① 涂料配方错误(涂料制造商的原因)。
② 喷涂过程存在缺陷,空气渗入涂料中。
③ 混合涂料时混入空气。

涂料内部出现气泡或涂覆一段时间后出现气泡的原因还可能是:
① 涂料中混有溶剂。如果刺破气泡,则会散发出溶剂的气味。
② 在多孔涂层(如硅酸锌涂层)上涂覆了一层过厚的涂层,气体和空气逸出并形成气泡,这些气泡大多为干性气泡。

5.2 涂层上的气泡或孔洞

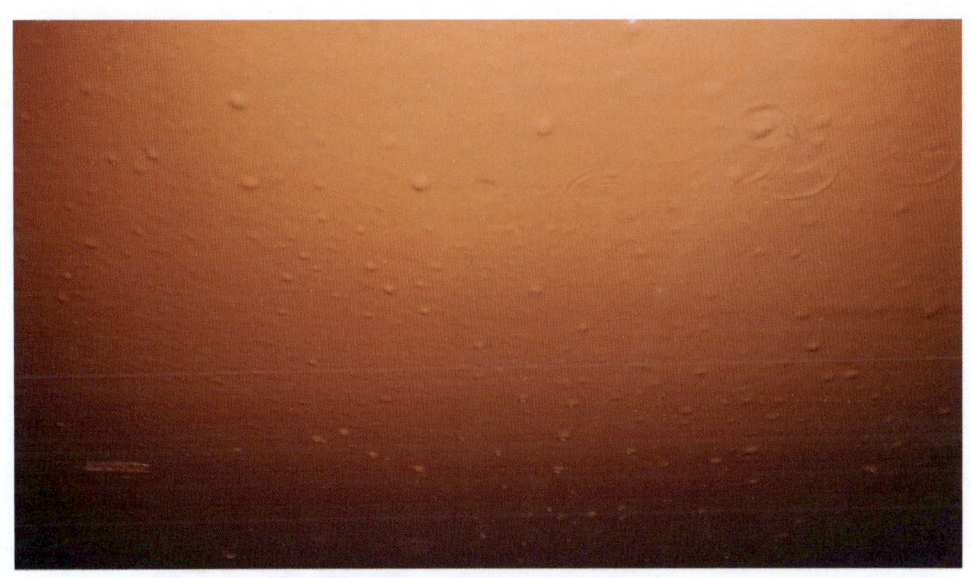

图 5.6　防污涂层上的气泡

③ 将涂料涂覆到被盐污染的表面上(图 5.7)，发生渗透现象而导致气泡产生。在这种情况下，涂层就像一层膜，盐浓度较低的溶液中的水分子或其他溶剂分子被涂层材料下的盐吸收。在这种作用下，气泡通常是湿性的。在涂覆全新的涂层系统之前，应去除表面的涂层材料，再使用高压水洗净表面的盐分；也可以使用超高压清洗法同时去除涂料与盐分。在重新涂覆涂层之前，必须对点蚀处进行盐分测试，因为这些区域特别容易残留盐分，而且盐分较难去除。

图 5.7　被盐污染的表面起泡

图 5.8 摄于某污水舱，表面被盐污染而产生了气泡。涂层系统薄弱处会迅速出现点蚀，进而导致整个钢质舱壁被侵蚀。

5　涂层缺陷

图 5.8　储罐涂层起泡处开裂形成点蚀

即使气泡未破裂，气泡下方的金属表面也会被腐蚀。只有在高压清洗表面或对表面进行喷砂处理后，这些腐蚀点才会显现。从图 5.9 中可以清楚地看到金属上的腐蚀点，这些腐蚀点之前被气泡覆盖。

**图 5.9　经过喷砂处理的钢质表面，
喷砂之前储罐涂层有气泡**

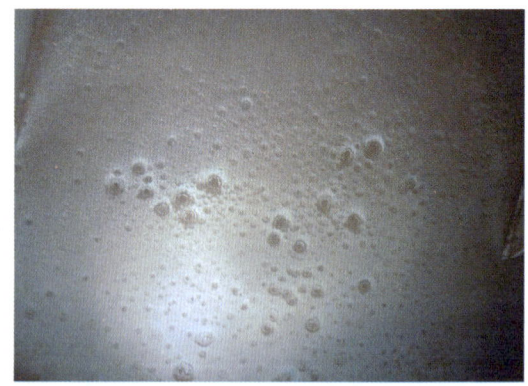

图 5.10　喷砂后储罐内出现的点蚀

图 5.10 中的点蚀导致储罐表面气泡破裂。该表面经过 SA2½ 喷砂处理，但尚未清理干净。

可以结合 ISO 4628 - 1：2003 和 ISO 4628 - 2：2003 标准评估气泡的数量和大小。可以使用 ISO 4628 - 2：2003 标准中的对照图评估气泡大小和分布情况的不同等级。

5.3 涂层生锈

有缺陷涂层表面生锈是最常见的一类涂层问题,一旦被忽略,则不同的使用环境将造成底材受损、点蚀或槽蚀等不同程度的损坏。准确评估缺陷涂层的分布情况是船厂制定维修和保养工作计划和估价的基础。此外,需要评估小范围修补在经济性方面是否有意义,或者是否应对某个表面或区域全部重涂。

ISO 4628-3: 2003 标准将表面锈蚀等级分为五个等级,见表 5.1。

表 5.1 ISO 4628-3: 2003 标准中的锈蚀等级

锈蚀等级	锈蚀面积/%
Ri 0	0
Ri 1	0.05
Ri 2	0.5
Ri 3	1
Ri 4	8
Ri 5	40~50

使用 ISO 中的对照图可以轻松地确定锈蚀程度。

船级社评估压载水舱的锈蚀等级时,通常根据 IACS Recommendation 87 Rev. 2 将锈蚀等级分为"好(Good)""一般(Fair)"和"差(Poor)"三个等级,见表 5.2。

表 5.2 IACS Recommendation 87 Rev. 2 中的锈蚀等级

锈蚀等级	好[③]	一般	差
整个表面或某个区域的缺陷程度[①]	<3%	3%~20%	>20%
重度锈蚀面积[①]	—	<10%	≥10%
涂层局部缺陷或边缘、焊缝处的锈蚀[②]	<20%	20%~50%	>50%

注:① 百分比表示所检查区域是对结构至关重要的区域,包括肋材。
② 百分比代表所检查区域上的边缘和焊缝,或代表对结构至关重要的区域。
③ 用百分比表示的小面积生锈。

IACS 87 Rev. 2 还提供了对照图,可简化锈蚀等级评估工作。

锈蚀等级的评估结果会直接影响船级社确定的检验间隔期长短。此外,它还确定了是否以及多久必须进行一次钢厚度测量。

从图 5.11 中可以看到,涂层系统的缺陷主要出现在边缘以及焊缝处,而平整表面上只出现了小型锈斑。该区域的锈蚀等级为"好",因为锈蚀面积小于 3%。从图中可以看

5 涂层缺陷

出,表面未出现重蚀或深锈。应仔细检查焊缝和边缘处的锈蚀,因为这类锈蚀处于"好"和"一般"之间。在与船厂商量并确定维修区域时,可以参考 IACS Recommendation 87 Rev. 2 和 ISO 4628-3: 2003 标准中的对照图,并使用百分比数值来估算锈蚀面积的大小。如果对锈蚀百分比达成一致,那么将以此为根据计算维修费用。

图 5.11　压载水舱中的锈蚀缺陷

5.4　涂层的内聚力及附着力导致涂层脱落

内聚力是指同一涂层内部在水平方向上的结合力。附着力是指涂层与另一层涂层或底材之间的结合力。

图 5.12 中,有些区域出现了涂料剥落的情况,导致剥落的原因是这些区域的附着力不足。出现涂料剥落时可以根据 ISO 4628-5: 2003 标准评估涂层受损程度。该标准也

图 5.12　涂料剥落

提供了对照图,因此可以根据对照图进行估计。

涂层材料剥落的原因主要有:

① 涂覆工作在空气湿度过高时或表面有冷凝水时(图 5.13)进行。

图 5.13　表面有冷凝水时涂覆的涂料

② 超出了化学固化涂料的最大可涂覆间隔,涂层不具备一定的表面轮廓,导致下一道涂层无法附着其上。出于这个原因,若化学固化涂料已经完全固化,那么涂覆下一道涂层之前应使涂层表面具备一定的粗糙度。

③ 表面过于光滑。如果表面粗糙度太低,则可能会导致附着力丧失。使用碗形刷除锈时,很容易得到这样的抛光表面。这种表面的除锈等级达到了 ST3(图 5.14)或 PST3,但表面过于光滑,以致涂层不能长时间附着其上。

④ 涂料配方错误(涂料制造商的原因)。

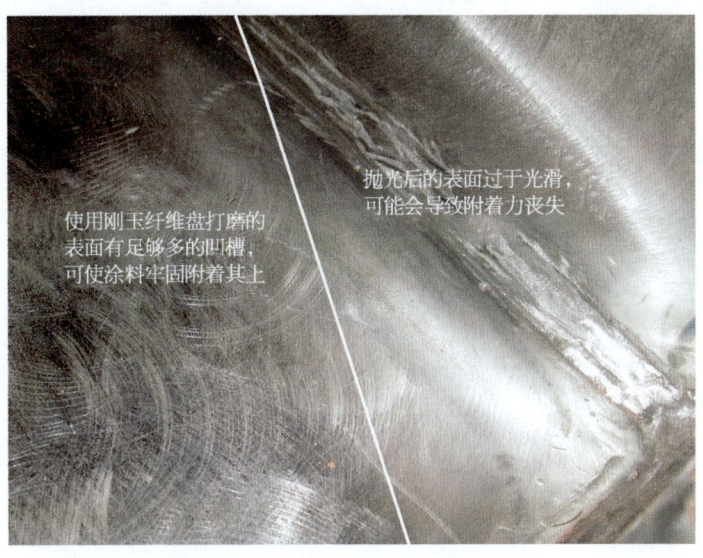

图 5.14　经过 ST3 等级抛光的表面

⑤ 镀锌涂层或锌粉涂层上形成锌皂。当氧化固化涂料(如醇酸树脂)涂覆于含锌涂料上时,特别容易出现这种缺陷。

⑥ 在镀锌表面涂覆下一道涂层时未进行粗糙化处理,或者在镀锌表面涂覆了不兼容的涂层。对于镀锌表面,涂料制造商可提供特定的涂料,这一点需在技术规格书中予以考虑。

只有重新进行表面处理(包括完全去除涂层),才能解决内聚力不足、附着力不足以及涂料剥落的问题。表面处理之后,可以重新涂覆涂料。

有三种不同的方法可以测定涂层的附着力,具体说明如下。

5.4.1 划格法测定附着力

对于干膜厚度不超过 250 μm 的涂层,可以使用划格法测定附着力。该方法基于 ISO 2409:2013 标准。可在带涂层的样板上进行测试,也可在具有代表性的表面处进行现场测试,测定前应按照涂料制造商的说明使涂层完全固化。

划格法对测试环境的要求如下。

(1) 样板。

① 环境温度:21~25℃。

② 相对湿度:45%~55%。

③ 在进行测试之前,必须将样板放置于上述环境至少 16 h。

(2) 现场测试。

必须记录露点、表面温度和相对湿度。

测试需要使用以下设备:

① 测量干膜厚度的仪器。

② 测量露点、相对湿度和表面温度的仪器。

③ 使用六刃切割刀具按以下间隔进行切割:

1 mm,用于干膜厚度为 60 μm 及以下的涂层;

2 mm,用于干膜厚度为 61~120 μm 的涂层;

3 mm,用于干膜厚度为 121~250 μm 的涂层。

④ 具有足够黏合强度的宽胶带,用于去除脱落的颗粒。

测试步骤如下:

① 在一个区域中至少选择三个可以进行测试的位置。

② 测量干膜厚度以确定是否可以进行测试,并确定切割间距。根据 ISO 19840:2012 标准进行测量并记录。

③ 根据 ISO 8502-4:2014 标准确定并记录露点、相对湿度和表面温度。

④ 使用切割仪器或刀具进行切割,切割间距视干膜厚度而定。切口必须穿透至底材金属的表面上,否则测量结果无效。图 5.15 所示为有 3 mm 和 2 mm 切割间距及 X 切割镂空的划格板。

5.4 涂层的内聚力及附着力导致涂层脱落

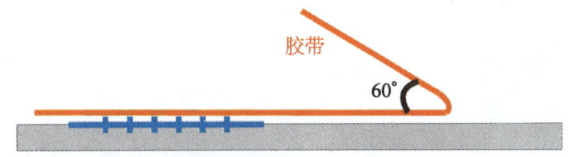

图 5.16　从网格上撕离胶带示意

(此为原著图,所示角度接近 30°,实际应示为 60°——译者注)

图 5.15　划格板

图 5.17　粘有胶带的划格

⑤ 在表面上施加胶带,拿住胶带一端,使胶带撕离的方向与底材表面约呈 60°。通过这个步骤可以去除脱落的涂层,图 5.16 所示为示意图,图 5.17 所示为粘有胶带的划格。

⑥ 根据 ISO 2409:2013 标准对划格试验结果进行评级,即根据胶带从表面粘下涂层的多少来确定分级。

表 5.3 给出通过目视观察划格处的涂层脱落情况。

表 5.3　ISO 2409:2013 标准给出的划格试验结果评级

分　级	说　明
0	切割边缘完全平滑,无一格脱落
1	在切口交叉处有少许涂层脱落。受影响的交叉切割面积小于 5%
2	在沿切口边缘和切口交叉处有涂层脱落。受影响的交叉切割面积为 5%~15%
3	涂层沿切割边缘部分或全部以大碎片脱落。受影响的交叉切割面积为 15%~35%
4	涂层沿切割边缘大碎片脱落。一些方格部分或全部出现脱落。受影响的交叉切割面积为 35%~65%
5	涂层严重脱落,受影响的交叉切割面积超过 65%

5 涂层缺陷

图 5.18 为不同划格试验结果等级对应的样图,脱落的涂层越多,说明涂层的附着力越小。

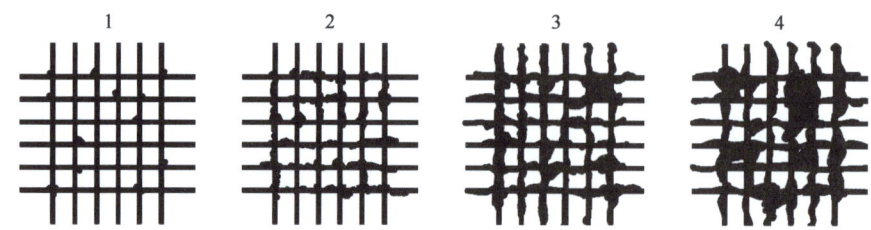

图 5.18 划格试验结果等级 1 至 4 级对应的样图

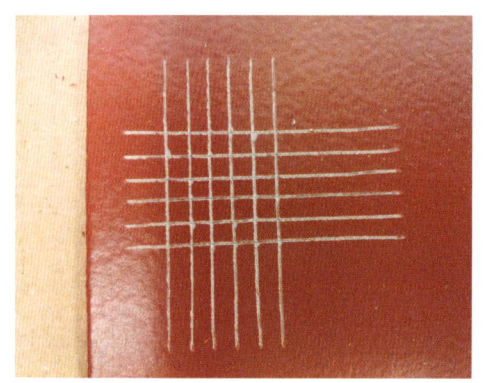

图 5.19 在样板上进行划格试验

图 5.19 显示了划格试验结果等级为 1 的一块样板。在大多数情况下,1 级是可以接受的。如果等级超过了 1 级,那么必须进一步取样并测试,若测试结果依然超过 1 级,那么说明涂层附着力不足,需要考虑重涂。

5.4.2 X切割法测定附着力

测定干膜厚度超过 250 μm 的涂层的附着力时可以使用X切割法。测定前应按照涂料制造商的说明使涂层完全固化。

X切割法对测试环境的要求:

(1) 样板。

① 环境温度:21~25℃。

② 相对湿度:45%~55%。

③ 在进行测试之前,必须将样板放置于上述环境至少 16 h。

(2) 现场测试。

必须记录露点、表面温度和相对湿度。

测试需要使用以下设备:

① 测量干膜厚度的仪器。

② 测量露点、相对湿度和表面温度的仪器。

③ 用于切割的锋利刀具,如有必要,可以准备合适的模板用于X切割(图 5.20~图 5.22)。

④ 具有足够黏合强度的宽胶带,用于去除脱落的颗粒。

测试步骤如下:

① 在一个区域中至少选择三个可以进行测试的位置。

② 测量干膜厚度以确定是否可以进行测试,并确定切割间距。根据 ISO 19840:

图 5.20 X切割

2012 标准进行测量并记录。

③ 根据 ISO 8502-4:2014 标准确定并记录露点、相对湿度和表面温度。

④ 在涂层表面划两条交叉的线段,长度为 4 cm,交叉角度为 30°～45°。

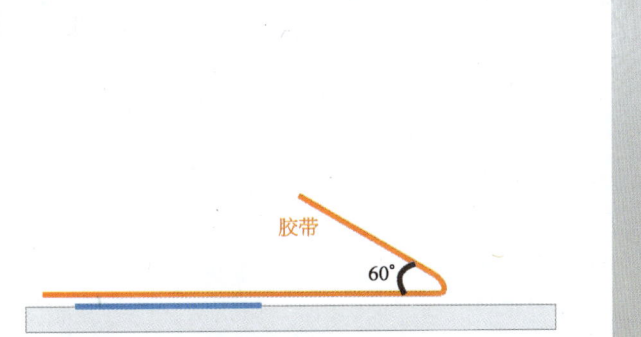

图 5.21　X 切割处的胶带及撕离方向

(此为原著图,所示角度接近 30°,实际应示为 60°——译者注)

图 5.22　粘有胶带的 X 切割处

⑤ 在表面上施加胶带,拿住胶带一端,使胶带撕离的方向与底材表面约呈 60°。通过这个步骤可以去除脱落的涂层。

⑥ 根据 ISO 16276-2:2007 标准对 X 切割试验结果进行评级,即根据胶带从表面粘下涂层的多少来确定分级。

图 5.23 显示了等级为 0 到 5 的 X 切割试验结果样图,分级的标准如表 5.4 所示。

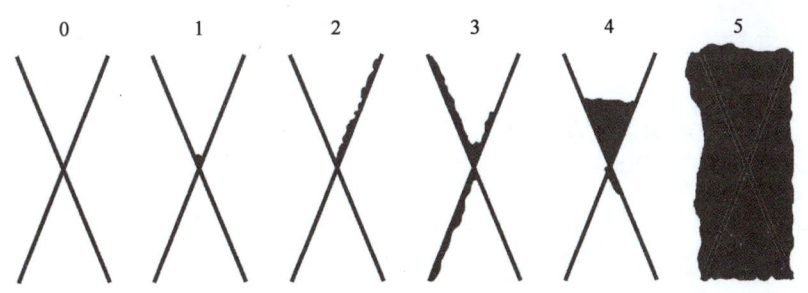

图 5.23　X 切割法试验结果等级

5 涂层缺陷

表 5.4 ISO 16276‑2: 2007 标准给出的X切割试验结果评级

分　级	说　　　明
0	没有涂层的剥落或分离
1	沿切割线或交叉点有少量涂层的剥落或分离
2	涂层沿着切割线的任一边有锯齿状脱落,最高达 1.5 mm 宽
3	涂层在大部分切割线处有锯齿状脱落,在任一边的脱落最高达 3 mm 宽
4	胶带下大部分的X切割区域有涂层脱落
5	X切割区域的全部涂层脱落

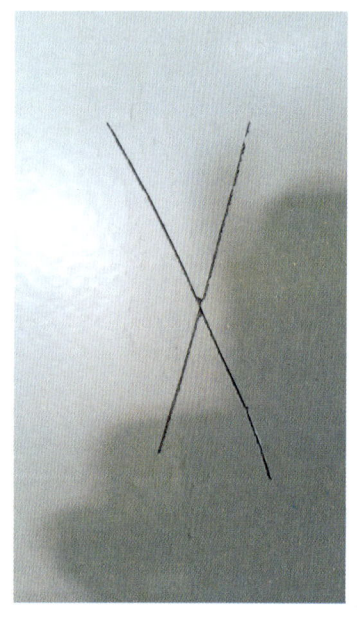

图 5.24 X切割试验结果等级为 1 的X切割表面

图 5.24 所示的X切割试验中,仅在交叉点附近出现了涂层轻微脱落的情况。该表面首先涂覆了一层环氧涂层,在紫外线照射下已经固化多年。涂层表面经清洗后,使用无气喷涂的方法涂覆了下一道环氧涂层。在平均温度 16℃ 的条件下,测试区域的涂层在 2 个月后固化。进行此次测试的目的是了解在不打磨已有涂层的情况下,仅清洗涂层是否足以使下一道环氧涂层牢固附着其上。由于该表面不会接触水或其他介质,因此在测试后得出结论,涂覆下一道环氧涂层之前,使用高压水清洗已有表面就足够了,并不需要打磨表面。

5.4.3 拉开法测定附着力和内聚力

本节方法基于 ISO 4624: 2014 标准草案,在使用拉开法进行测定时,必须参照 ISO 4624 标准的现行版本。测定前应按照涂料制造商的说明使涂层完全固化。

拉开法对测试环境的要求:

(1) 样板。

① 环境温度:21~25℃。

② 相对湿度:45%~55%。

③ 在进行测试之前,必须将样板放置于上述环境至少 16 h。

(2) 现场测试。

必须记录露点、表面温度和相对湿度。

测试时需要使用以下设备,设备必须符合 ISO 4624 标准现行版本的要求:

① 胶黏剂的黏结性要大于受试涂层的黏结性,推荐使用二组分环氧化物胶黏剂。所选择的胶黏剂不得改变受试涂层的性能。

② 测量干膜厚度的仪器。

5.4 涂层的内聚力及附着力导致涂层脱落

③ 测量露点、相对湿度和表面温度的仪器。
④ 能够沿试柱周线切割至底材的切割装置,切口与试柱的最大间距为 2 mm。
⑤ 直径为 20 mm 的试柱。如果存在底材弯曲的风险,也可以使用直径较小的试柱。
⑥ 拉力试验机的量程应符合要求,并在校准有效期内。

测试步骤如下:
① 在一个区域中至少选择六个可以进行测试的位置。
② 使用足够的胶黏剂将试柱粘在测试位置。除去多余的胶黏剂并使胶黏剂固化。测试前必须彻底清除表面上的油脂和杂质。
③ 测量干膜厚度以确定是否可以进行测试,并确定切割间距。根据 ISO 19840:2012 标准进行测量并记录。
④ 根据 ISO 8502 - 4:2014 标准确定并记录露点、相对湿度和表面温度。
⑤ 使用切割装置在试柱周围切一个圆,切割时切至底材。切口与试柱的最大间距为 2 mm。
⑥ 将试柱夹紧在拉力试验机中,在与底材平面垂直的方向上施加拉升应力。
⑦ 拉升应力以不超过 1 MPa/s 的速度匀速增加,破坏应从施加应力起 90 s 内完成。读取破坏时的拉力。

图 5.25 显示了在现场进行附着力测试。涂层干膜厚度的数值记录在试柱旁边。图中两个试柱已被拉力试验机拉开。

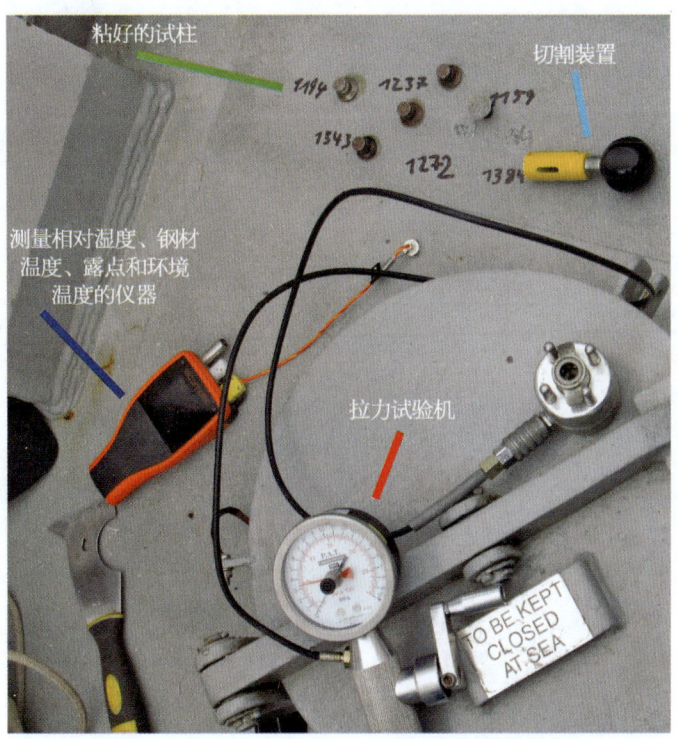

图 5.25　在现场进行附着力测试

5 涂层缺陷

破坏强度 σ 的单位为兆帕(MPa)，由测得的破坏力 F(N) 和试柱面积 A(mm^2) 计算获得。

破坏强度计算公式：

$$\sigma = \frac{F}{A}$$

若试柱的直径为 20 mm，则可以得出以下公式：

$$\sigma = \frac{F}{314}$$

如果涂层系统包含多道涂层，那么在评价时按涂层涂覆先后用顺序英文字母来表示不同的涂层。底材上的第一层涂层用 B 表示，第二层涂层用 C 表示，第三层涂层用 D 表示，以此类推。底材本身(如某金属表面)则用 A 来表示。如表 5.5 所示。

表 5.5 ISO 4624 标准给出的拉开法试验结果评级

序 号	破坏面	说 明
1	A	底材的内聚力破坏
2	A/B	底材与第一道涂层间的附着力破坏
3	B	第一道涂层的内聚力破坏
4	B/C	第一道涂层与第二道涂层间的附着力破坏
5	n	多道涂层系统中第 n 道涂层的内聚力破坏
6	n/m	多道涂层系统中第 n 道涂层与第 m 道涂层间的附着力破坏
7	—/Y	最后 1 道涂层与胶黏剂间的附着力破坏
8	Y	胶黏剂的内聚力破坏
9	Y/Z	胶黏剂与试柱间的附着力破坏

图 5.26 拉开试柱前的结构示例

以破坏面积的百分比数值来表示结果(四舍五入到 10%)。

从图 5.26 中可以看到，试柱下的涂层系统由两道涂层组成，图中的圆圈代表试柱原有的底面。图 5.27 给出了试柱底面颜色及说明，以解释评级结果。

用拉开法在试板上进行测试时得到的试柱如图 5.28 所示。第一道涂层为红色，第二道涂层为黄色。试柱下方的黄色涂料几乎完全脱落，说明第一道涂层与第二道涂层之间附着力不足，可以用 30%B/C 表示。此外第二道涂层的内聚力破坏约 70%，可以用 70%B 表示。

5.4 涂层的内聚力及附着力导致涂层脱落

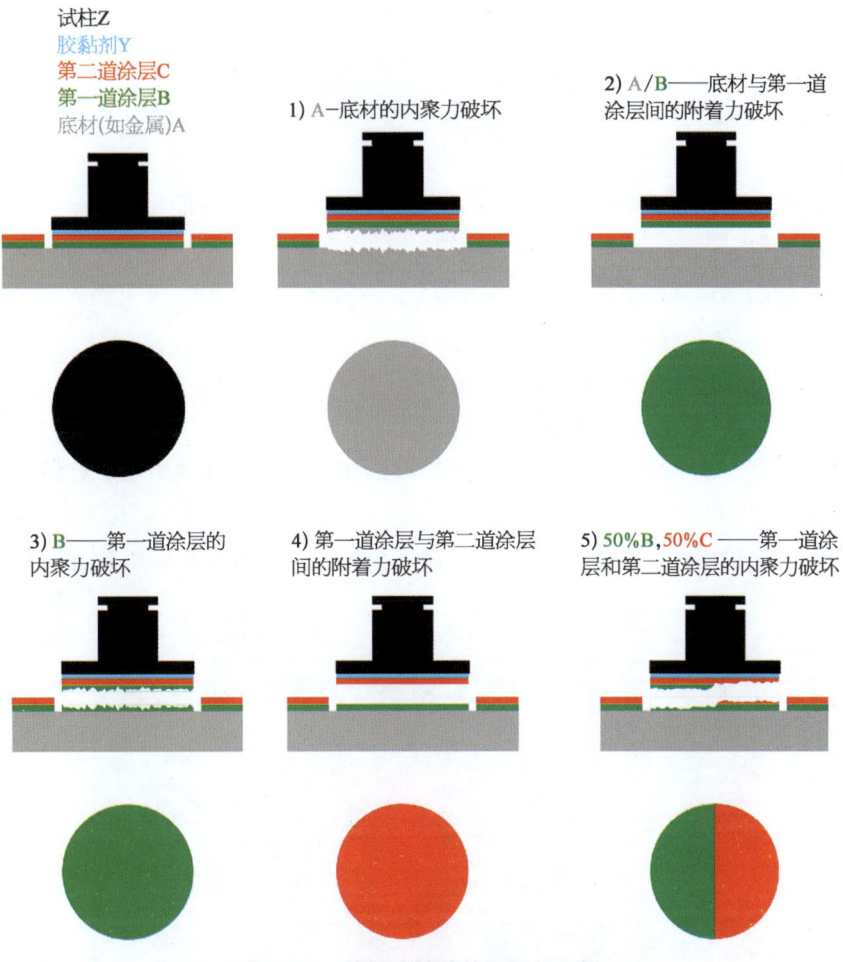

图 5.27 拉开法试验结果评级示例

图 5.28 用拉开法在试板上进行测试的示例

5.5 涂层开裂

图 5.29 中的裂纹是连续裂纹。造成这种情况的常见原因可能是：

① 涂层太厚，导致涂层上出现应力裂纹。

② 将较硬的涂层涂覆到相对较软的涂层上。将化学固化涂料（如环氧树脂）涂覆到物理干燥涂料（如丙烯酸）上时常会发生这种情况。

③ 硅酸乙酯富锌涂层过厚，开裂时和泥浆干燥后开裂相似（泥裂）。

④ 在过高的环境温度下干燥或固化时间过短。

⑤ 底材温度过高。例如底材位于加热的重油储罐附近时就会出现这种情况。

⑥ 脆化。

⑦ 底材膨胀或收缩导致的涂层破裂。例如金属变形时可能会发生这种情况。

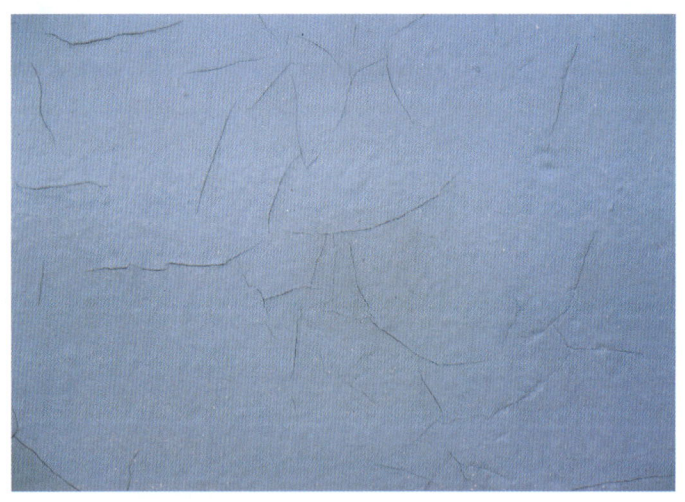

图 5.29　涂层开裂

可以根据 ISO 4628-4:2003 标准评估裂纹的数量和大小，该标准还提供了对比图片。如果涂层系统出现裂纹，则应在修复时必须去除受影响区域的旧涂层，经过适当的表面处理后重新涂覆新涂层。

5.6 涂层粉化

在紫外线长期照射下，有些涂层（特别是环氧涂层）容易粉化。可以根据 ISO 4628-6:2011 标准确定涂层粉化程度。先将 15 mm 宽的透明胶带粘到环氧涂层表面，并用手指在胶带上往复擦拭几次确保胶带牢固粘于表面，然后剥下胶带并将其贴到一张纸上，最后根据 ISO 4628-6:2011 标准中的对照图确定粉化程度。除了这个方法外,还可以使用符合 ISO 4628-7:2003 标准的棉布确定涂层的粉化程度,所使用棉布的颜色应与涂层颜色形成鲜明对比。将棉布包住食指,施加中等压力将棉布压在涂层上并使棉布转动 180°,然后根据 ISO 4628-7:2003 标准表 1 确定粉化程度。

可以使用高压清洗的方法去除粉化的涂层。由于环氧树脂并不是颜色稳定型涂料,因此暴露在紫外线下的区域要用颜色稳定的聚氨酯清漆作为最后一道涂层,这种涂料不会像环氧树脂涂料那样容易粉化。

图 5.30 中左图为轻微粉化的环氧树脂涂层,右图为新涂的环氧树脂涂层。左右两图使用了相同颜色的涂料。由此可见,环氧树脂涂层的颜色并不稳定。

图 5.30 轻微粉化的环氧树脂涂层

5.7 涂层上的针孔、缩孔和漏点

涂层上可能会出现非常细小的孔,其中一些孔直至底材,这些孔就是所谓的针孔。涂层表面可能会出现圆形或六角多边形凹陷,这些凹陷就是所谓的缩孔。除此之外,喷涂时某些点的涂层过薄,这些点被称为漏点。有些针孔可能非常细小,以至于无法用肉眼看到。涂层内部的缩孔以及漏点无法用肉眼识别,只有当测量仪器的探头恰好放置在缺陷处,才能发现缩孔和漏点。

从图 5.31 可以看到涂层上的针孔。有些针孔非常细小,未在涂层上形成圆形小圈。缩孔和针孔可能是由以下原因引起的:

① 在多孔表面(如硅酸锌涂层)直接涂覆较厚的涂层。多孔表面的气体和空气蒸发,形成针孔。因此,通常会在多孔表面涂覆一层湿膜厚度为 $25 \sim 35\ \mu m$ 的薄涂层。

② 涂料制造商提供的涂料配方错误。

5 涂层缺陷

图 5.31 针孔

③ 涂覆时,涂料中有气泡。例如无气喷涂时,空气进入喷涂系统就会出现这种情况。

④ 在未固化的涂层上涂覆了涂料,其中的溶剂散发到了下一道涂层中。如果在涂了预涂层的地方出现了这种情况,则表明预涂层尚未固化就涂覆了下一道涂层。因此,必须根据钢材温度按涂料制造商提供的信息确定最小涂覆间隔。

出现漏点这种缺陷的原因通常是涂覆不当,或涂料配方错误导致的喷涂不均匀。

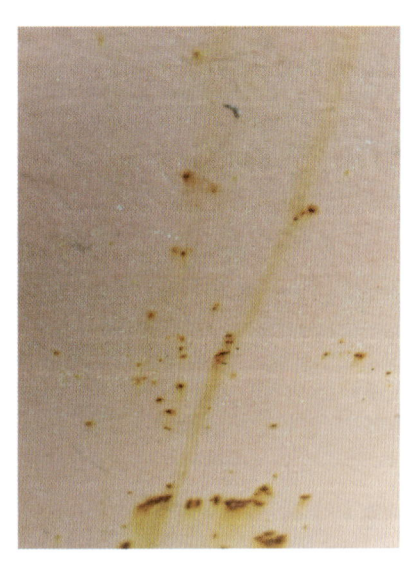

图 5.32 由漏点导致的锈蚀

从图 5.32 中可以看到,由于某些位置的干膜厚度太小而在表面形成了锈蚀。在这种情况下,涂层系统的屏障作用不再有效。

只有完全去除旧涂层并重新涂覆新涂层才能可靠地去除针孔和缩孔。在没有放大显示的情况下,通常可以用肉眼看到针孔,但却看不到漏点和缩孔。因此,可能需要对重点区域进行"漏点测试"。根据 ASTM D 5162 中的描述,高腐蚀性液体的储罐、浪溅区和水面以下的海洋工程结构物(因为这种结构物不能像船舶一样定期进入造船厂进行维修)都属于重点区域。

根据涂层系统的干膜厚度不同,有两种不同的测试方法:

① 湿海绵孔隙测试仪,可用于干膜厚度最大为 500 μm 的涂层。

② 高压孔隙测试仪,可用于干膜厚度超过 200 μm 的涂层。

5.7.1 用湿海绵孔隙测试仪进行孔隙测试

湿海绵孔隙测试仪(图 5.33)通常使用 5~90 V 电池,测试的前提是:

① 最后一道涂层不导电。
② 涂层必须完全固化。
③ 涂层不得被灰尘、油、脂和盐等污染。
④ 待测涂层的干膜厚度不得超过 500 μm。

测试步骤如下：

① 用导线将测试仪连接到测试对象上裸露的金属处。在图 5.33 中，夹具夹在试板上裸露的金属处。

② 如果可以，最好根据干膜厚度并按照设备使用说明书设置电压。

③ 用淡水润湿海绵，然后轻轻地将水挤出，以确保水不从海绵上滴落。

④ 以 0.1～0.3 m/s 的速度将海绵缓缓推过表面。如果海绵接触到缩孔、漏点或针孔，则会发出声音警报或灯光警报。

⑤ 如要测试后续表面，需使用干净的布擦干测试区域。

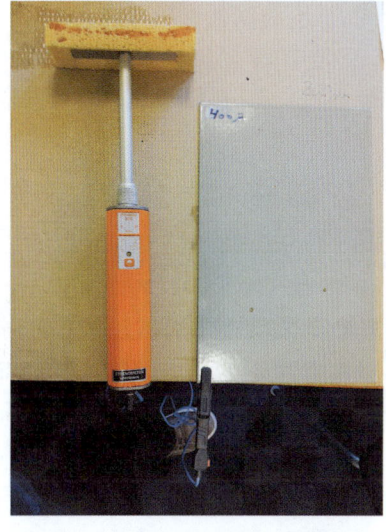

图 5.33 用湿海绵孔隙测试仪在试板上进行孔隙测试

5.7.2 用高压孔隙测试仪进行孔隙测试

高压孔隙测试仪通常使用 1 000～30 000 V 的电压，测试的前提是：

① 最后一道涂层不导电。
② 涂层必须完全固化。
③ 涂层不得被灰尘、油、脂和盐等污染。
④ 待测涂层的干膜厚度至少为 200 μm，理想情况下应超过 500 μm。

根据干膜厚度并按照设备使用说明书设置电压。若电压过高，可能会烧毁涂层。为了避免触电，必须严格按照仪器的安全说明进行操作。进行测试之前，必须确保操作员熟悉仪器的使用方法：

① 用导线将测试仪连接到测试对象上裸露的金属处。在图 5.34 中，夹具夹在试板上裸露的金属处。

② 根据干膜厚度并按照设备使用说明书设置电压。

③ 以 0.1～0.3 m/s 的速度将金属刷缓缓推过表面。如果金属刷接触到缩孔、漏点或针孔，则会发出声音警报或灯光警报。同

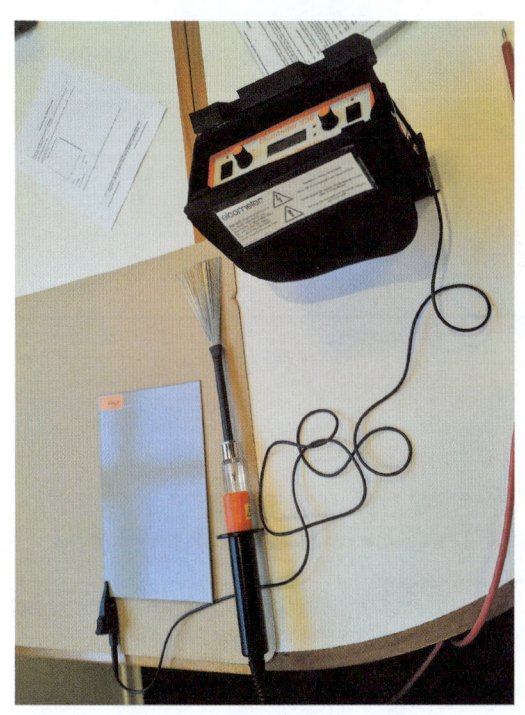

图 5.34 用高压孔隙测试仪在试板上进行孔隙测试

时,涂层故障处产生火花,该处的涂层被烧毁。必须标记缺陷处。

使用仪器找到缺陷后,应完全去除该处的涂层。之后需要重新处理表面,并正确涂覆新涂层。

5.8 起皱

如果溶剂不兼容或涂料中添加了不合适的稀释剂,则涂层会起皱(图5.35),因此必须按照涂料说明书为涂料选择合适的稀释剂。出现这种现象的原因可能是未到达最小涂覆间隔。这种情况下溶剂排出的气体可能会进入下一道涂层。如果涂层起皱,则必须去除该区域的涂层,重新处理表面后再涂覆新的涂层。

图5.35 起皱

5.9 氧化固化涂层的皱皮

从图5.36中可以看到醇酸树脂涂层出现了皱皮。根据图中皱皮处涂料下垂的情况可以判断皱皮原因为涂覆过厚。

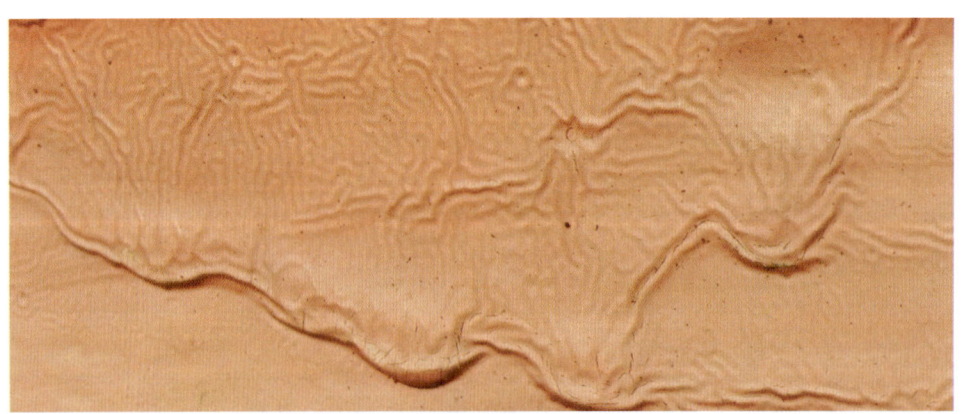

图5.36 氧化固化涂层的皱皮

氧化固化涂料(如最常见的醇酸树脂)在下列情况中会形成皱皮:
① 所涂覆涂层的干膜厚度过厚。
② 强溶剂与涂层发生反应。根据这一点可以判断涂层是否为物理干燥涂层。
③ 将不兼容的涂料(通常含强溶剂)涂覆在物理干燥涂层上。

5.10 胺类的析出

图 5.37 中的环氧树脂涂料(补漆)是用无气喷涂法喷涂而成的,图片的上半部分呈白色,图片的下半部分呈铝色,但这些表面使用的涂层材料相同。上半部分的表面在固化时沾过水,导致胺类析出,从而使环氧树脂涂层表面变白。这种情况下,应使用 30 MPa 以上的高压淡水清洗白色的胺层,然后再进行涂覆。

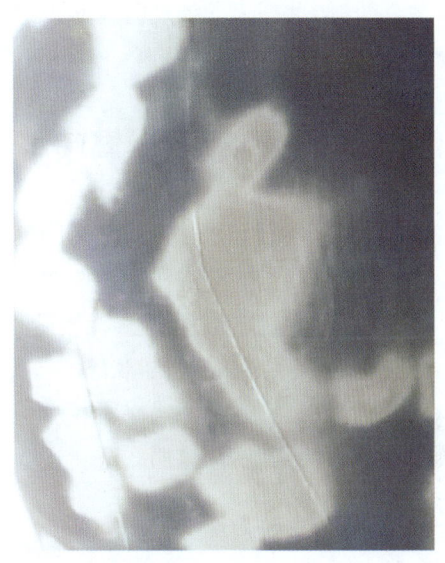

图 5.37 胺类析出

5.11 凹坑

图 5.38 中的涂层出现了凹坑,原因可能为:

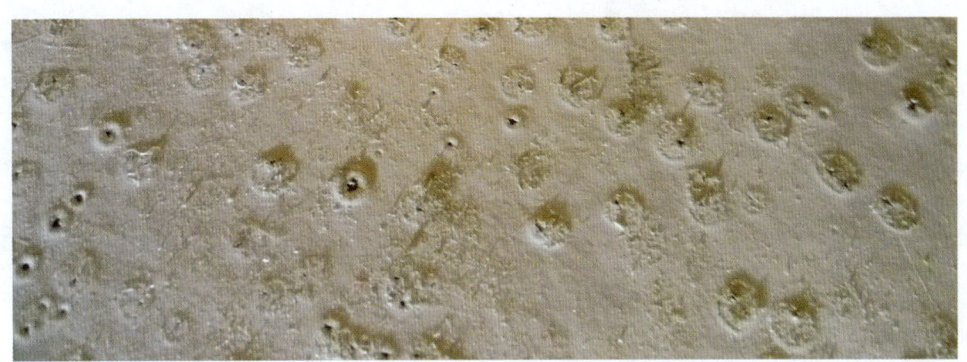

图 5.38 凹坑

① 涂层的成分不对。
② 在部分潮湿的表面上涂覆涂层。
③ 涂料中有气泡。
④ 在被脂类污染的表面上涂覆涂层。
⑤ 如果凹坑中间有一个黑点,则涂覆涂层前的表面可能被硅酮污染了。例如,水下船体涂覆硅酮涂层用于防止被生物附着,涂覆时若未对附近表面进行充分防护,附近表面就可能会被硅酮污染。
⑥ 为避免焊接飞溅而使用了含脂或含硅酮的焊接喷雾。如果将涂料涂覆到受焊接喷雾污染的表面,则会形成凹坑。

如果涂层出现凹坑,则必须去除涂层并重新处理表面。由于表面可能受到脂类或硅

5　涂层缺陷

酮污染,因此在表面处理时应考虑这种情况。

5.12　金属切屑、金属喷料和锈粉的污染

如果生锈的钢材接触涂层,则钢材在腐蚀过程中可能会损坏涂层表面。

图 5.39 中的储罐底部被金属喷料污染。为了防止进一步损坏储罐,首先应用高压淡水(30 MPa)清洗受污染区域,然后打磨去除清洗后的残留物,并在打磨处薄涂一层涂层以使防腐蚀系统保持密封状态。如果要在喷砂车间使用角状金属磨料对新船船体分段进行喷砂处理,那么必须确保所有管道都得到了防护,否则管道将被磨料污染且难以清理。如果磨料污染了管道,那么磨料还会随介质流入储罐。

图 5.39　储罐中的涂层被金属磨料污染　　图 5.40　被打磨粉尘污染的涂层

打磨粉尘会随空气飞扬并落于表面,而生锈的金属屑会侵蚀涂层(图 5.40)。只有打磨才能有效地去除这些粉尘,打磨后需重新涂覆涂层以使涂层系统保持密封。新船造船厂中这个问题较为突出,在建造高价值的邮轮或游艇时必须注意这一点。涂完最后一道涂料后,可再涂一层 B1 膜进行防护。B1 膜是一种阻燃塑料膜,已获得认证可用于船舶。使用胶带将 B1 膜贴在表面上,应选择那种不会在表面留下黏合剂的胶带。

5.13 涂层灼伤

涂层灼伤也是一类涂层缺陷,修船厂及新船造船厂都应注意这类缺陷。

图 5.41 显示了某压载水舱内的灼伤。灼伤处的反面新焊了一条焊缝,应着重检查焊接点附近区域是否出现灼伤。若出现灼伤,应去除受影响区域的涂层,并按照规范对该处表面进行处理,最后使用刷子涂上涂料。

图 5.41 某压载水舱内的涂层灼伤

图 5.42 中的涂层被灼伤。该区域进行了焊接作业,周围的涂层被严重损坏。涂层灼

图 5.42 焊接作业引起的灼伤

5 涂层缺陷

伤在许多造船厂都是常见的问题,而修补工作通常会给造船厂增加许多成本,尤其是建造新船时。如果计算去除灼伤涂层并重新涂覆涂层的工时成本,那么对造船厂来说,前期雇佣专业人员做好高温作业时的防护工作更经济。已经完成涂覆的区域应使用焊接毯防护,以最大限度地减少造船厂的不必要支出。

6 避免船体上附着海生物

6.1 船体附着海生物

出于经济原因,船舶运营商非常关注水下船体区域的情况。粗糙的表面和附着的海生物会增加船在水中航行时的阻力,进而增加燃料消耗。在相同的燃料消耗下,船舶的航速会受附着的海生物影响而有所降低。

图6.1为某船吃水线以下的区域。从吃水线延伸至舭龙骨的部分为船舶直底;舭龙骨下方为船舶平底。图中,船舶直底附着有海藻,这种程度的生物附着会额外增加5%~20%的燃料消耗。船舶直底能够受到光照,海生物非常适宜在此生长。

图 6.1　附着在水下船体上的生物

图6.2中的表面上附着了海藻和藤壶,图中的白点就是藤壶。使用50 MPa的高压淡水可以清除海藻。

藤壶特别难以去除,它们牢固地附着在涂层上。可以使用旋转喷嘴喷射50 MPa高压淡水清除藤壶,也可以手动刮除。如图6.3所示,藤壶经常出现在水下船体区域。

由于缺乏光照,船舶平底上可能会出现不依赖阳光的生物。根据航行区域的不同,船舶平底可能会被不同类型的生物附着,见图6.4。

6　避免船体上附着海生物

图6.2　附着的海藻和藤壶

图6.3　藤壶

图6.4　附着在船舶平底上的生物

图6.5中的海底阀箱上长满了贻贝。船舶的海底阀箱通常是船舶冷却系统和压载水系统的海水进口。如果海底阀箱堵塞或长满贻贝，那么最糟的情况是海水无法有效地被吸入管道系统。

在图6.6中，由于压载水管道上附着了贻贝，导致管道的管径明显变小。通常情况下，只有拆卸管道后才能有效清洁管道，而清洗管道是非常昂贵的。

图 6.5　附着在海底阀箱上的生物

图 6.6　压载水系统的管道内大量附着贻贝

各种海生物表面附着的情况有以下几种：
① 由细菌和硅藻产生的黏液可在数分钟内附着于表面。
② 贻贝和藤壶等水生动物附着后，可在数天内从幼体发育成具有繁殖能力的成体。
③ 藻类附着后，可在数周至数月内从孢子阶段长成藻类。

如果船舶处于静止状态且未涂覆防污涂层，那么孢子和幼体可以轻松地附着在船体外表面上。因此，防污涂层中通常含有诸如氧化铜之类的杀生物剂，可以在船舶停靠时提供防护。

海生物附着的后果：

(1) 附着船舶。

① 在推进系统功率相同时，油耗增加、航速降低。

② 海水箱管径减小，管道内部腐蚀加剧并形成湍流。

③ 附着在制冷器金属表面，导致箱式制冷器的制冷效率降低。

④ 海水箱内部更易沉积黏液。

(2) 附着海洋工程结构。

① 作用于结构上的水动力负荷增加。

② 结构被海生物附着后重量增加，重力增加导致吸力增加。

③ 结构缺陷、腐蚀加剧。

(3) 海水管道附着。

① 腐蚀加剧。

② 管道内形成湍流。

③ 管径减小，造成泵故障。

图 6.1～图 6.6 展示了不同类型的海生物。避免海生物附着并尽可能降低船舶在水中的阻力对船舶运营商而言非常重要。为了避免海生物附着，可以涂覆下述两类涂料，它们利用了不同的防污原理：

① 自抛光型防污涂料。

② 污损释放型防污涂料。

涂覆防污涂层的目的是：

① 防止或减少海生物附着。

② 优化船舶油耗。

③ 避免防腐蚀涂层被海生物附着，从而延长防腐涂层的寿命。

使用防污涂层时，适用国际海事组织(International Maritime Organization，IMO)颁布的国际性规定。IMO 海洋环境保护委员会发布了 AFS/Conf/26 公约。相关文本可以参考 IMO 出版的《IA680E Anti-Fouling Convention，Edition 2005》。涂料制造商需提供相关证书以证明其船用涂料符合 AFS/Conf/26 公约。该公约禁止在涂料中添加如 TBT 之类的杀生物剂。在船厂为船舶水下船体涂覆防污涂料后，船级社可基于上述公约为船舶颁发证书。如果要在船厂内喷涂防污涂料，那么这款涂料必须获得船厂所在国家的使用许可。例如，在德国或丹麦境内的造船厂允许使用某款涂料产品，但这款产品不允许在瑞典或波兰的造船厂中使用，那么船舶进入造船厂进行维修时，必须确保不触犯船厂所在国家的法规。

6.2 自抛光型防污涂料

自抛光型防污涂料是一种物理干燥单组分涂料。通常会涂覆环氧涂层以保护水下船体免受腐蚀。然后涂覆黏合促进剂,其成分一般是丙烯酸或乙烯基改性环氧树脂。黏合促进剂具有物理干燥涂料的特性,可以较好地黏合防污涂层。自抛光型防污涂料经海水冲刷能自我抛光,从而防止海生物附着。此外,防污涂料还包含获批准的杀生物剂,如今最常用的是氧化铜。

一般而言,防污涂料是船舶行业使用的最昂贵涂料之一。由于燃料消耗是船舶运营成本中占比最高的因素之一,因此非常有必要选择一套适合的防污涂层系统。

图 6.7 中的自抛光防污涂层中添加了氧化铜作为杀生物剂。防污涂层表面会在短时间内出现一层白色物质,表明使用了氧化铜这种杀生物剂。氧化铜会略微增加涂层粗糙度。另有一些杀生物剂也已经获得批准或正在批准过程中。吡啶硫酮锌已获欧盟批准作为无铜防污涂料的杀生物剂。这种杀生物剂无论从视觉上还是从功能上都有所改进,它有利于降低船舶在水中航行时的阻力,从而节省燃料。氧化铜的粗糙度比吡啶硫酮锌高。

图 6.7　含氧化铜的防污涂料

还有一些防污涂料同时使用了吡啶硫酮锌和氧化铜,可以达到有效的防护效果。目前,有多款不含铜的杀生物剂正在批准过程中。

选择防污涂层系统时,主要考虑以下几个因素:

① 船舶的平均航速。航速会影响抛光速率,从而影响产品的选择。

② 船舶停航时间的长短。靠港时,海生物特别容易附着在船体上。如果船舶要在锚点或港口停靠数周或数月,那么为船舶选择高抛光速率的涂层是非常重要的。

③ 船舶航行率,以百分比表示。船舶航行率是指船舶每年航行或停靠时间所占的比例,这会影响防污涂层质量及涂层厚度的选择。

④ 船舶的航行区域。船舶航行水域的水温、盐度和微生物都会影响防污涂层的选择。如果船舶航行水域的平均水温低于 15℃,那么海生物附着的风险较低,这种情况下,

即使选择价格较低的防污涂层也能获得良好的防污效果。

⑤ 船舶运营商对燃料节省的期望。为此,可以选择表面特别光滑的防污涂层以减小船舶在水中的阻力。丙烯酸甲硅烷酯这种涂料需要经过一段时间的抛光后才会具有光滑的表面,但即使刚涂覆后的表面(使用非氧化铜之类的粗糙型杀生物剂)也具有节省燃料的效果。

⑥ 对涂层系统的机械影响。在自抛光型防污涂料或污损释放型涂料之间做选择时应注意这点,后者对机械应力和磨损非常敏感。

⑦ 停靠的船坞所在国家或地区是否允许涂覆某种涂料产品。

⑧ 船舶维护保养的间隔期。这会影响产品的选择和防污涂层干膜厚度的选择。

考虑上述因素后,可向船运公司推荐防污涂料的类型,主要包含下列信息:

① 防污涂层的抛光速率。抛光速率决定了防污涂层抛光的速度。相比航速较高的船舶,平均航速较低的船舶应使用抛光速率更高的涂料,以有效预防海生物附着。如果航速较慢的船舶使用了低抛光速率的涂料,那么将导致涂层自抛光不足,海生物可轻松附着其上。

② 防污涂层的干膜厚度。建议进行多道涂覆。多道涂覆(如使用不同防污涂料)时,涂层厚度更加均匀,且在入坞维修时可以了解最后一道防污涂层中的哪些部分已被冲刷掉,第一道防污涂层中的哪些部分尚可见。

③ 选择产品时,是否考虑了船舶维护保养的间隔期、航行水域、在某个国家进行涂覆以及是否能够节省燃料等相关要求。

④ 是否为船舶平底和船舶直底涂覆不同类型的涂料和/或不同厚度的涂层,原因在于海生物不易附着于船舶平底,而较易附着于船舶直底。同时,航行水域和停靠时间长短也会对海生物的附着产生影响。如果船舶停靠时间较长,且航行水域的水温高于15℃,那么也应在船舶平底上涂覆高质量的防污涂层。

市场上的防污涂料其主要区别在于使用了不同的黏结剂。不同制造商的防污涂料若使用了相同的黏结剂,则这些产品具有一定的相似性。船运公司可根据经验和相关参考信息确定选择何种防污涂料。船舶若维修保养间隔较长,且期望降低燃料消耗,则应选择优质防污涂料,其通常基于丙烯酸甲硅烷酯。基于离子交换技术的防污涂料价格相对便宜,但这种涂层的表面不够光滑,对降低燃料消耗并无积极影响,且一般仅适用于维修保养间隔较短的船舶。

除此以外,还应注意新船是在海水还是淡水水域进行舾装。有些防污技术依赖于海水的盐度,因此在挑选防污涂料时必要考虑到这一点。

船舶停靠在修船厂,外表面干燥后,必须使用30 MPa以上的高压水清洗防污涂层,以清洗涂层上的盐分和杂质,同时清除防污涂层上失效的部分。

6.3 污损释放型涂料

污损释放型涂层的原理是使海生物难以附着其上。这种涂层表面有一层有机硅。有机硅涂层表面光滑,有利于降低船舶在水中的航行阻力,从而降低燃料消耗。污损释放型涂料有的含有少量杀生物剂,有的不含杀生物剂。含有杀生物剂的污损释放型涂料有一个缺点,即涂层必须定期重涂。

污损释放型防污涂层的优点是:

① 减少船舶在水中航行时的阻力并降低燃料消耗。

② 杀生物剂含量低,或不含杀生物剂。

③ 若船舶使用自抛光型防污涂料,那么船舶入坞时必须重新涂覆新的涂层;若船舶使用污损释放型涂料,则不需要这么做。

基于有机硅的污损释放型涂层也有缺点:

① 有机硅对机械应力的敏感性较高。因此,使用扇形喷嘴清洗涂层时,最高只能使用 15 MPa 压力的淡水;若使用旋转喷嘴,则存在破坏涂层的风险。涂层碰冰或船舶底部靠近河床航行(如在运河或港口航行时的底部船体),那么有机硅涂层很容易被破坏。对于在港口或潮汐中吃水变化较大的船舶,接触护舷碰垫的有机硅涂层会被慢慢破坏。

② 有机硅涂层的涂覆工作较复杂,其涂覆成本比自抛光型防污涂料高。涂覆时,必须使用专用软管和专用泵。为使涂层均匀涂覆,必须派遣技艺娴熟的喷涂工人完成喷涂工作。对于大多数产品,涂覆时的最低温度为 5℃,最高温度为 10℃。

③ 喷涂有机硅涂层的区域应进行隔离防护,以避免在船舶其他区域造成涂层缺陷。一般情况下,涂覆船体水下部分或维修区域时需将待涂覆区域完全隔离,不同船厂对这类隔离工作的报价在每 100 m 船长 40 000~60 000 欧元之间。此外,若环境温度达不到要求,隔离区域内部可能需要加热,这也会产生额外的费用。如果每次入坞维修都要对水下船体进行隔离,那么必须将这笔费用纳入经济性计算之中。自抛光型防污涂料在涂覆时不需要进行隔离防护。

④ 如果已经涂覆了有机硅涂层,且想要换成自抛光型防污涂层,那么必须将金属表面的整个涂层系统完全去除,然后才能涂覆新的防腐蚀涂层系统(包含黏结剂和防污涂料)。

涂料制造商必须以书面形式清楚地告知用户新涂覆和维修时的程序和步骤。如果其他船舶运营商有类似船型的涂覆经验,那么他们给出的参考资料也非常具有价值。如果要在涂有自抛光型防污涂料的船上涂覆污损释放型涂料,则必须先将金属表面的所有涂层完全去除,然后对表面进行处理,再涂覆新的涂层系统(包含防腐蚀涂层、黏结剂和污损释放型涂料)。

6.4 防污涂料与涂料制造商对燃料节省的承诺

自抛光型防污涂料和污损释放型涂料制造商必须准确地研究防污涂料与燃料节省两者之间的关系。高品质的涂层系统(涂层有效期为 60 个月)可能在前两年有较好的节省燃料效果,如若涂料制造商承诺的第三年节能效果降至 50%,到第四年降至 25%,这就为重新协商创造了空间。

通常有两种类型的承诺:

① 性能承诺,保证产品的有效性。

② 燃料节省承诺,保证产品有助于节省燃料。一般很难找到证据证明燃料的节省源于某种涂料的使用,因此,有必要进行"船体性能监控"。

应注意涂料制造商在产品承诺中给出的承保范围和赔偿方式。赔偿方式可以是退还涂料款项,但涂料制造商一般不承担燃料的赔偿责任。如果微生物附着导致燃料消耗显著增加,而涂料制造商在承诺中说明不赔偿该损失,那么这部分损失将由航运公司承担。

如果污损释放型涂料达不到制造商所承诺的性能,那么需要查看产品承诺中是否赔偿这项费用,即去除旧涂层并重新涂覆新涂层的费用。如果要重涂,那么涂料价格仅占重涂费用中的一小部分。

必须测试水下船体涂层与燃料节省之间的关系。测试一般由船舶运营商和涂料制造商共同选定的第三方执行。

最有效的测试方法是,在相同条件下测量常规船舶在不同航速下的轴转矩。为了获得准确的测试结果,应在平静的海面上进行测试,并记录水深、风向和风力。对于柴电混合型船舶,也可以获得其燃料消耗的情况,即测试其航速与能耗之间的关系。测试所得的燃料消耗还不足以用于判断,因为其他未知因素(如发动机是否妥善保养)也会对燃料消耗产生影响。

6.5 预防海水管道及海工设备的海生物附着

从图 6.8 可以看到海水箱中的铜阳极除了能够预防防污涂层被腐蚀外,还可以保护周围管道和箱式冷却器免受海生物附着。这种设计的缺点是,船舶维修保养时需要定期更换铜阳极,而更换铜阳极会增加船舶的维保成本。

另一种防止海生物附着的方法是使用超声波,即将超声波传感器接到船的内壳或直接接到管道或结构物上。超声波可以使海生物迅速剥落并抑制海生物的生长。应用时,需要在传感器制造商的帮助下准确安装传感器。超声波防海生物附着的系统也适用于小艇。但相比防附着涂料,这套系统的价格不具备优势,因此主要用于小艇。

图 6.8　海水箱中的铜阳极

此外,还可以派遣潜水员清洗水下船体或海工设备,但这种方法在某些国家或地区是违法的。当船舶涂覆了防污涂层依然被海生物附着时,才可以派潜水员进行清洗。

7 标准和法规

造船行业有大量标准和法规,其发挥着指导和规范的作用。国际海上人命安全公约(International Convention for Safety of Life at Sea,SOLAS)中有关于防腐蚀的强制性条例,这项国际公约适用于各缔约国及国际海事组织(IMO)成员国国旗的商船。

欧洲和亚洲国家使用的大多数标准都与 ISO 相关,但也有一些造船厂使用国家标准。美国的造船厂通常使用美国材料与试验学会(American society for testing and materials,ASTM)标准。如果制定详细说明或进行检验时缺乏可以参考的 ISO,那么也可以参考 ASTM。

7.1 ISO 12944 标准体系——防护涂料体系对钢结构的防腐蚀防护

对于钢结构的防腐蚀保护,ISO 12944 标准体系的现行版本是所有其他相关标准的基础。该标准体系分为以下几个部分:

(1) ISO 12944-1——总则。
① 定义该标准体系的适用范围。
② 包含该标准体系中的定义。
③ 指出健康保护、职业安全和环境保护的义务。
④ 包含 ISO 12944 标准体系其他部分的简要内容。

(2) ISO 12944-2——环境分类。
定义大气、水和土壤腐蚀环境分类。

(3) ISO 12944-3——设计内容。
提供结构防腐蚀的基本设计准则。

(4) ISO 12944-4——表面类型和表面处理。
① 检查表面污染、去除污染物以及相关标准。
② 定义各种表面处理过程,给出了参考的相关标准。
③ 给出表面处理的定义。

(5) ISO 12944-5——防护涂料体系。
① 包含涂料体系的定义。
② 包含对其他标准的规范性引用。

③ 结合表面处理以及 ISO 12944-2 腐蚀环境分类相关内容,给出涂料体系的耐久性。

(6) ISO 12944-6——实验室性能测试方法。

包含在实验室测试涂料体系性能及涂料系统在 ISO 12944-2 标准各腐蚀环境分类下耐久性的方法。

(7) ISO 12944-7——涂装工作的实施与监督。

① 包含规范性引用。

② 包含对实施涂装工作及其质量控制的资格认证的定义。

③ 包含基准面相关内容,并根据结构的尺寸给出基准面的尺寸和数量建议。

(8) ISO 12944-8——新建和维修防腐技术规格书的制订。

① 包含结构物涂层技术规格书的要素。

② 包含质量控制技术规格书的要素。

③ 包含新建防腐工作规划流程图。

④ 包含维修防腐工作规划流程图。

ISO 12944-1 定义了涂层的有效保护期,分为以下三个范围:

① 低——2~5 年。

② 中——5~15 年。

③ 高——15 年以上。

根据 ISO 12944-2 标准对船舶与海洋工程设施应用环境的不同分类进行了解释。大气、水、土壤的腐蚀环境可分为如表 7.1 所示的几类:

表 7.1 ISO 12944-2 标准中的腐蚀环境分类

大气的腐蚀级别	典型环境案例	
	外 部	内 部
C1——很低	—	从两侧加热的隔热保温钢壁 船舶的外壁不属于该级别,因为有可能发生冷凝
C2——低	—	有可能发生冷凝的未加热区域 还包括绝热的内壁(未从外部加热)
C3——中	—	非绝热的内壁
C4——高	—	风管内部
C5-I——很高(工业)	冷凝持续发生的区域和高污染区域	冷凝持续发生的区域和高污染区域
C5-M——很高(海洋)	高盐度的沿海和近海区域,船舶水线以上的所有外部区域,海洋工程设施浪溅区以上的所有区域	—

(续表)

大气的腐蚀级别	典型环境案例	
	外部	内部
水和土壤的腐蚀级别	环境和钢结构的案例	
IM1 淡水	河流上安装的设施,水力发电站	
IM2 海水或盐水	港口区的钢结构、码头、水下船体、船舶的水线间区域、海洋工程设施的浪溅区和水下部分	
IM3 土壤	埋地储罐、钢桩、海洋工程设施埋地部分、钢管	

7.2 防腐蚀标准

本书中列出的标准多为 ISO 标准。若在特定国家或地区开展工作,那么还需要参考其他一些标准。业主和承包商有责任确定涂装技术规格书、施工和监理应参考哪些标准。

以下为发布标准的几个机构:

① ISO:总部位于日内瓦的独立的国际标准化组织发布 ISO 标准。

② ASTM:美国材料与试验学会,位于美国的独立机构,发布 ASTM 标准。ASTM 标准主要在美国使用,但在缺乏可以参考的 ISO 标准时,也可以在全球范围内参考 ASTM 标准。

③ BS:英国标准学会主要发布 BS 标准,同时也参与 ISO 标准的制定。

④ DIN:德国标准化协会主要发布德国国家标准,同时也参与 ISO 标准的制定。该协会发布 ISO 标准的官方德语翻译版本——DIN 标准。

⑤ NACE:(美国)全国防蚀工程师协会发布防腐蚀标准,并通过课程、会议和出版物服务腐蚀防护的各个领域。

⑥ SSPC:SSPC 是防护涂料协会的简称,主要出版防腐蚀标准和书籍,同时还提供学习课程。

⑦ NORSOK:挪威制定的防腐蚀标准。该私人组织的责任归属于挪威标准化组织,其主要发布与海上工程领域及检验人员培训相关的防腐蚀标准。

7.2.1 造船业钢结构预处理标准

钢结构预处理是造船行业防腐蚀工作中的一个环节,除了可以参考通用标准或船用标准外,还可以参考由合作伙伴共同指定的船级社标准。只要某个船级社是国际船级社协会的成员,那么该船级社至少有可供参考的统一基础标准。此外,还需遵守 SOLAS 公约的相关规定。

① 船用标准:在德国,船舶建造标准由德国造船与海洋技术协会发布,其中第二部分

为预处理相关内容。

② PSPC：根据 SOLAS 第Ⅱ-1 章 3-2 条规定，不小于 500 GT 的新船，其专用海水压载舱和船厂 150 m 及以上的散货船双舷侧处所应按照 PSPC 相关规定涂覆保护涂层。后文将详细介绍 PSPC。PSPC 参考了 ISO 8501-3 标准的现行版本。

③ IMOMSC288(87)决议：根据 SOLAS 第Ⅱ-1 章 3-11 条规定，如果未约定使用 MSC289(87)号决议中的防腐蚀替代方法性能标准，那么原油油船保护涂层性能标准需以 MSC 288(87)号决议中的解释为依据。MSC 288(87)决议参考了 ISO 8501-3 标准的现行版本。

④ ISO 12944-3：用于结构防腐蚀。

⑤ ISO 8501-3：主要针对焊缝、表面和边缘的钢结构预处理。

7.2.2 表面处理标准

有多项标准与涂覆前的表面处理工作相关。检测和去除表面杂质的相关标准应使用 ISO 标准的现行版本。

(1) ISO 12944-4——表面类型和表面处理。

第 6.1 节内容为使用水、溶剂和化学品去除污染物的说明。

(2) ISO 8502 标准体系。

第 1 部分——总则，指出对表面状况、环境状况和去除杂质情况的评估。

第 2 部分——清洁表面氯化物的实验室测定。

第 3 部分——待涂覆钢表面粉尘评定。

第 4 部分——涂覆前的冷凝可能性评定导则。

第 5 部分——涂覆前已处理钢表面上氯化物的测定（离子探测管法）。

第 6 部分——提取分析可溶性杂质——Bresle 法。

第 9 部分——水溶性盐的现场电导测定法。

第 11 部分——水溶性硫酸盐的现场滴定测定方法。

第 12 部分——水溶性铁离子的现场滴定法。

表面清洁度和锈蚀评估标准：

ISO 8501——涂料涂覆前钢材表面处理-表面清洁度的目测评估。

第 1 部分——未涂覆过的钢材表面和全面清除原有涂层后的钢材表面的锈蚀等级和处理等级。

第 2 部分——已涂覆过的钢材表面局部清除原有涂层后的处理等级。

第 4 部分——与高压水喷射处理有关的初始表面状态、处理等级和闪锈等级。

表面粗糙度评估的标准，这些标准适用于评估经过喷砂处理的表面。目前没有标准涉及未喷砂表面，因为无法确保未喷砂表面可以为涂料提供足够的附着力。

(1) ISO 12944-4——表面类型和表面处理。

第 8 章参考了 ISO 8503-1 和 ISO 8503-2 标准。

7 标准和法规

(2) ISO 8503 标准体系——喷砂钢材表面的表面粗糙度特性。

第 1 部分——喷砂处理表面评定用 ISO 粗糙度比较样块的技术要求和定义。

第 2 部分——喷砂处理表面的粗糙度定级方法——比较样块法。

第 3 部分——ISO 粗糙度比较样块的校准方法和粗糙度测定方法——显微镜的调焦规程。

第 4 部分——ISO 粗糙度比较样块的校准方法和粗糙度测定方法——触针仪法。

第 5 部分——采用复制带法测定表面粗糙度。

对磨料进行抽样和检测时可以使用磨料检测标准，以确定磨料是否被污染。除此之外，这些标准还涉及了磨料(如喷砂)的特性，磨料的特性会直接影响喷砂效果。

(1) ISO 11124——金属磨料规范。

第 1 部分——总则和分类。

第 2 部分——冷硬铸铁砂粒。

第 3 部分——高碳铸钢喷丸及砂粒。

第 4 部分——低碳铸钢喷丸。

(2) ISO 11125——金属磨料的试验方法。

第 1 部分——抽样。

第 2 部分——粒度分布测定。

第 3 部分——硬度测定。

第 4 部分——表观密度测定。

第 5 部分——缺陷颗粒百分比和微结构的测定。

第 6 部分——杂质的测定。

第 7 部分——含水量的测定。

第 8 部分——磨料机械特性的测定。

(3) ISO 11126——非金属磨料规范。

第 1 部分——总则和分类。

第 2 部分——石英砂。

第 3 部分——炼铜熔渣。

第 4 部分——煤炉熔渣。

第 5 部分——镍精炼渣。

第 6 部分——炼铁炉渣。

第 7 部分——熔融氧化铝。

第 8 部分——橄榄石砂。

第 9 部分——十字石。

第 10 部分——石榴石。

(4) ISO 11127——非金属磨料的试验方法。

第 1 部分——抽样。

第 2 部分——粒度分布测定。

第 3 部分——表观密度测定。

第 4 部分——通过玻璃载片试验评定硬度。

第 5 部分——含水量的测定。

第 6 部分——通过测量电导率测定水溶性杂质。

第 7 部分——水溶性氯化物的测定。

第 8 部分——磨料机械特性的测定。

7.2.3 涂料和涂层检验标准

本节列出了涂层和涂料的基础知识及检验标准。

(1) ISO 12944 标准体系的以下几个部分。

第 5 部分——防护涂料系统。

第 6 部分——防护涂料系统的实验室性能试验方法。

第 7 部分——涂层工作的实施和监督。

(2) SSPC Paint 20——富锌涂料标准。

(3) ASTM D4752——用 MEK 测定硅酸乙酯富锌涂料固化程度的方法。

(4) ISO 19840——粗糙表面上干膜厚度的测量及验收标准。

(5) ISO 2808——涂料——漆膜厚度的测定。

(6) 附着力测定。

ISO 2409——划格试验。

ISO 4624——拉开法。

ISO 16276——涂层的附着力/内聚力(黏合强度)的评估和验收标准 第 1 部分：脱落测试。

ISO 16276——涂层的附着力/内聚力(黏合强度)的评估和验收标准 第 2 部分：划格测试和X切割测试。

(7) ISO 29601——干膜内孔隙率的评定(确定漏点、针孔和缩孔)。

(8) ISO 4628 标准体系，用于评定缺陷数量和大小，以及外观统一变化强度。

第 1 部分——一般说明和名称与符号系统。

第 2 部分——起泡程度评估。

第 3 部分——腐蚀程度评估。

第 4 部分——裂度程度评估。

第 5 部分——剥落程度评估。

第 6 部分——用胶带法评估粉化程度。

第 7 部分——用丝绒法评估粉化程度。

第 8 部分——划痕周围脱层和腐蚀度评估。

第 10 部分——丝状腐蚀程度的评估。

7.3 PSPC 的法律基础

PSPC 的全称是：所有类型船舶专用海水压载舱和散货船双舷侧处所保护涂层性能标准（performance standard for protective coating for dedicated seawater ballast tanks in all types of ships and double-skin spaces on bulk carriers）。

其法律基础为 SOLAS 第Ⅱ-1 章 3-2 条规定，主要适用于：

（1）不小于 500 GT 的船舶上布置的专用海水舱（压载舱）；

该船于 2008 年 7 月 1 日或以后签订建造合同。无建造合同，在 2009 年 1 月 1 日或以后安放龙骨或处于类似建造阶段；或于 2012 年 7 月 1 日或以后交船。

（2）所有船上布置的专用海水舱（压载舱）和 150 m 以上的散货船的双舷侧处所（空舱）。

PSPC 对上述舱室的表面处理、涂层材料、涂层系统、检验和文件记录都进行了规定。

7.4 MSC 288(87) 原油油船货油舱保护涂层性能标准的法律基础

根据 SOLAS 第Ⅱ-1 章 3-11 条规定，凡符合以下条件的原油船，都应保护其液货舱免受腐蚀：该船于 2013 年 1 月 1 日或以后签订建造合同；无建造合同，在 2013 年 7 月 1 日或以后安放龙骨或处于类似建造阶段；或于 2016 年 1 月 1 日或以后交船。

根据 SOLAS 第Ⅱ-1 章 3-11 条，防腐蚀方案可以 MSC 289(87) 号决议或 MSC 288(87) 号决议为依据。

7.5 NORSOK M501——海洋工程防腐蚀标准

NORSOK M501 标准是非强制性标准，主要源于挪威石油工业对海工设施防腐蚀的需求。该标准引用了 ISO 标准和 ASTM 标准，主要对以下方面提出了要求：计划、涂层材料、钢材和钢结构、表面处理、涂层、检验和文件记录、职业安全与环保、热喷涂、防火喷涂。

鉴于海工设施要在海上运行多年且无法进入造船厂维修的特殊性，可知 NORSOK M501 属于腐蚀防护领域的最高标准之一。对于海工设施而言，最初的腐蚀防护工作是至关重要的。

8 涂料的消耗量计算和选择经济性

本章介绍防腐蚀工作的经济学原理。业主和承包商会就项目预算和涂料消耗量的计算提出不同的问题。承包商(如某航运公司)在计划和开展防腐蚀工作时还需要考虑成本效益比。

8.1 涂料消耗量的计算

本节将使用名词缩写如表 8.1 所示。

表 8.1 计算涂料消耗量时用到的缩写

缩 写	单 位	英 文	中 文
DFT	$\mu m = 10^{-6}\ m$	dry film thickness	干膜厚度
WFT	$\mu m = 10^{-6}\ m$	wet film thickness	湿膜厚度
A	m^2	area	面积
C	$10^{-3}\ m^3$ 或 L	(paint-)consumption	涂料消耗量
VS	%	volume solid	体积固体份
Th	%	thinner	稀释剂含量
L	%	loss	损耗
CF	无单位	consumption factor	用量系数
DV	$10^{-3}\ m^3$ 或 L	dead volume	死体积
$SR_{Theoretical}$	m^2/L	theoretical spreading rate	理论涂布率

8.1.1 湿膜厚度的计算

根据所指定的干膜厚度和涂料的固体体积可以计算出湿膜厚度。湿膜厚度可用于验证湿膜梳齿仪的测量结果,也可用于计算涂料消耗量。

$$WFT = \frac{DFT \cdot 100\%}{VS}$$

若按照百分比将稀释剂添加到涂料中后,则可以按照以下公式计算湿膜厚度:

$$WFT = \frac{DFT \cdot (100\% + Th)}{VS}$$

湿膜厚度计算示例:应涂覆干膜厚度为 150 μm 的环氧树脂涂层。涂料说明书中给出的体积固体份为 82%。

$$WFT = \frac{150\ \mu m \cdot 100\%}{82\%} \approx 183\ \mu m$$

在环氧树脂涂料中添加 20% 的稀释剂,并要求涂层的干膜厚度还是 150 μm,则:

$$WFT_{新} = \frac{150\ \mu m \cdot (100\% + 20\%)}{82\%} \approx 220\ \mu m$$

现计算涂料的新体积固体份:

$$VS_{新} = \frac{VS_{旧} \cdot 100\%}{100\% + Th}$$

本算例中,稀释后涂料的体积固体份为:

$$VS_{新} = \frac{82\% \cdot 100\%}{100\% + 20\%} \approx 68\%$$

将计算所得的新体积固体份代入湿膜厚度计算公式中,则结果也应为 220 μm:

$$WFT_{新} = \frac{150\ \mu m \cdot 100\%}{68\%} \approx 221\ \mu m$$

一般取体积固体份的四舍五入百分比值。

8.1.2 涂料消耗量计算

计算涂料消耗量时,可以先回顾一下干膜厚度和湿膜厚度的定义以及两者关系。

金属基材表面上的涂层厚度可用干膜厚度和湿膜厚度来表示(图 4.20)。根据 1 m² 光滑表面上的干膜厚度和湿膜厚度,可以计算得到 1 m² 表面上的干膜体积或湿膜体积。

计算示例:根据下式计算 1 m² 光滑表面上的湿膜体积:

$$C = 1\ m^2 \cdot WFT(10^{-6}\ m)$$

上式计算结果的单位是 m³,而计算涂料消耗量时一般以 L 为单位,因此可按下式换算:

$$1\ L = 1\ dm^3 = 0.001\ m^3 = 10^{-3}\ m^3$$

为了直接获得以升为单位的涂料消耗量,需将 C 乘以系数 10^3 或 1 000,即:

$$C = 1\ m^2 \cdot WFT(10^{-6}\ m) \cdot 1\ 000 = \frac{L}{m^3}$$

上式为 1 m² 表面的理论消耗量,实践中,需要按总面积 A(m²)进行计算。一般情况下会给定 DFT 和 VS。在 DFT 和 VS 已知的情况下计算出 WFT,再对公式进行简化,得到以升为单位的涂料消耗量:

$$C = \frac{A(\text{m}^2) \cdot WFT(\mu\text{m})}{1\,000\left(\frac{\mu\text{m} \cdot \text{m}^2}{\text{L}}\right)} = \frac{A(\text{m}^2) \cdot \frac{DFT(\mu\text{m}) \cdot 100\%}{VS(\%)}}{1\,000\left(\frac{\mu\text{m} \cdot \text{m}^2}{\text{L}}\right)} = \frac{A(\text{m}^2) \cdot DFT(\mu\text{m}) \cdot 1\%}{1\,000\left(\frac{\mu\text{m} \cdot \text{m}^2}{\text{L}}\right) \cdot VS(\%)}$$

例如:待涂覆表面的面积为 1 500 m²,使用丙烯酸涂料,指定的干膜厚度为 50 μm,体积固体份为 36%,则:

$$C = \frac{1\,500\text{ m}^2 \cdot 50\,\mu\text{m}}{1\,000\left(\frac{\mu\text{m} \cdot \text{m}^2}{\text{L}}\right) \cdot 36\%} \approx 208\text{ L}$$

也就是说,理论上需要 208 L 丙烯酸涂料。

如果将涂料涂覆到喷砂表面上,则消耗量会有所增加。

图 8.1 死体积

粗糙的表面会被涂料填满,这就导致了死体积的出现。粗糙度 Ry 与死体积(图 8.1)成比例,两者关系如下:

$$DV = \frac{Ry(\mu\text{m})}{1\,500\left(\frac{\mu\text{m} \cdot \text{m}^2}{\text{L}}\right)}$$

假如粗糙度 $Ry = 75\,\mu\text{m}$,则死体积 DV 为:

$$DV = \frac{Ry(\mu\text{m})}{1\,500\left(\frac{\mu\text{m} \cdot \text{m}^2}{\text{L}}\right)} = \frac{75(\mu\text{m})}{1\,500\left(\frac{\mu\text{m} \cdot \text{m}^2}{\text{L}}\right)} = 0.05\,\frac{\text{L}}{\text{m}^2}$$

表 8.2 给出了不同粗糙度对应的死体积。

表 8.2 喷砂表面不同粗糙度对应的死体积 DV

$Ry(\mu\text{m})$	$DV(\text{L}/\text{m}^2)$
30	0.02
45	0.03
60	0.04

8 涂料的消耗量计算和选择经济性

(续表)

$Ry(\mu m)$	$DV(L/m^2)$
75	0.05
90	0.06
105	0.07

表面经过喷砂处理后,会额外消耗涂料,用 C_{DV} 表示:

$$C_{DV} = \frac{A(m^2) \cdot DV\left(\frac{L}{m^2}\right) \cdot 100\%}{VS(\%)}$$

例如:某舱室表面积为 350 m²,平均粗糙度 $Ry = 60~\mu m$,使用酚环氧化物作为底漆,其体积固体份为 64%。计算因表面粗糙度而额外增加的涂料消耗量:

$$C_{DV} = \frac{350(m^2) \cdot 0.04\left(\frac{L}{m^2}\right) \cdot 100\%}{64\%} \approx 22~L$$

理论上,因表面粗糙度而额外增加了 22 L 涂料消耗。但实际喷涂时总会有损耗,例如软管中残留的一部分涂料、形成的漆雾或(室外喷涂时)被风吹走的涂料等,可根据经验估算损耗量(如在室外进行喷涂时,损耗量可能高达 50%)。因此,计算实际消耗量时,必须考虑理论消耗和损耗。为了简化计算,可将理论损耗量 C 乘以用量系数 CF。用量系数 CF 是由损耗量计算得出的,算式如下:

$$CF = \frac{100\%}{(100\% - L)}$$

假设损失为 40%(适用于大多数情形),那么用量系数为:

$$CF = \frac{100\%}{(100\% - 40\%)} \approx 1.67$$

涂料说明书通常会给出涂料的理论涂布率,即以指定的干膜厚度,每 1 L 涂料理论上可以涂布的面积。理论涂布率的计算公式如下:

$$SR_{Theoretical} = \frac{VS(\%) \cdot 10(\mu m \cdot m^2)}{DFT(\mu m) \cdot 1~L \cdot 1\%}$$

例如,某醇酸树脂涂料的体积固体份为 56%,指定的干膜厚度为 60 μm,则理论上每升涂料可以喷涂的面积为:

$$SR_{Theoretical} = \frac{56\% \cdot 10(\mu m \cdot m^2)}{60~\mu m \cdot 1~L \cdot 1\%} \approx 9.3~\frac{m^2}{L}$$

8.1.3 涂料消耗量计算示例

如表 8.3 所示涂覆表面积 $A=455\text{ m}^2$ 的某压载水舱,假设损耗为 33%,该舱室所有表面都经过 SA2½ 喷砂处理,粗糙度 $Ry=60\ \mu m$。压载水舱总表面积的 15% 需要进行预涂,预涂时忽略死体积。Epoxymastic 85 这种涂料的体积固体份为 85%。根据涂料说明书,进行第一道预涂时可添加 15% 的稀释剂 18,以便更好地密封孔隙,其他情况下不稀释涂料。涂料与稀释剂以 20 L 为一个包装单位。

表 8.3 计算示例

涂　层	涂　料	$DFT/\mu m$
第一道预涂	Epoxymastic 85Red-Alu	50
第一道完整涂层	Epoxymastic 85Red-Alu	160
第二道预涂	Epoxymastic 85 White	50
第二道完整涂层	Epoxymastic 85 White	160

(1) 第一道预涂需要使用多少涂料和稀释剂?稀释后的湿膜厚度为多少?稀释后涂料的体积固体份是多少?

用量系数计算:

$$CF = \frac{100\%}{(100\% - L)} = \frac{100\%}{(100\% - 33\%)} \approx 1.49$$

预涂面积计算:

$$A_{预涂} = \frac{455\text{ m}^2 \cdot 15\%}{100\%} \approx 68.3\text{ m}^2$$

涂料实际用量的计算:

$$C = \frac{A(\text{m}^2) \cdot DFT(\mu m) \cdot CF}{10\left(\frac{\mu m \cdot m^2}{L}\right) \cdot VS(\%)} = \frac{68.3\text{ m}^2 \cdot 50\ \mu m \cdot 1.49 \cdot 1\%}{10\left(\frac{\mu m \cdot m^2}{L}\right) \cdot 85\%} \approx 6\text{ L}$$

由于涂料经 15% 稀释,所以可按百分比计算实际消耗 6 L 涂料所需的稀释剂用量:

$$C_{稀释剂} = \frac{6\text{ L} \cdot 15\%}{100\%} \approx 0.9\text{ L}$$

稀释后的湿膜厚度计算:

$$WFT = \frac{DFT \cdot (100\% + Th)}{VS} = \frac{50\ \mu m \cdot (100\% + 15\%)}{85\%} \approx 68\ \mu m$$

稀释后涂料的体积固体份计算:

8 涂料的消耗量计算和选择经济性

$$VS_{新} = \frac{VS_{旧} \cdot 100\%}{100\% + Th} = \frac{85\% \cdot 100\%}{100\% + 15\%} \approx 74\%$$

(2) 第一道完整涂层需要使用多少涂料？喷涂后应使用何种规格的湿膜梳齿仪检查湿膜厚度？

涂料实际用量的计算：

$$C = \frac{A(\text{m}^2) \cdot DFT(\mu\text{m}) \cdot CF}{10\left(\frac{\mu\text{m} \cdot \text{m}^2}{\text{L}}\right) \cdot VS(\%)} = \frac{455 \text{ m}^2 \cdot 160 \, \mu\text{m} \cdot 1.49 \cdot 1\%}{10 \frac{\mu\text{m} \cdot \text{m}^2}{\text{L}} \cdot 85\%} \approx 128 \text{ L}$$

死体积的计算：

从表 8.2 中获得死体积 DV 的值。

$$C_{DV} = \frac{A(\text{m}^2) \cdot DV\left(\frac{\text{L}}{\text{m}^2}\right) \cdot 100\%}{VS(\%)} = \frac{455 \text{ m}^2 \cdot 0.04 \frac{\text{L}}{\text{m}^2} \cdot 100\%}{85\%} \approx 21 \text{ L}$$

计算第一道完整涂层的总消耗量：

$$C_{总} = C + C_{DV} = 128 \text{ L} + 21 \text{ L} = 149 \text{ L}$$

计算湿膜厚度并用湿膜梳齿仪检查：

$$WFT = \frac{DFT \cdot 100\%}{VS} = \frac{160 \, \mu\text{m} \cdot 100\%}{85\%} \approx 188 \, \mu\text{m}$$

因此，可使用 200 μm 湿膜梳齿仪测量湿膜厚度，实际湿膜厚度应处于梳齿仪上 175 μm、200 μm 这两个梳齿之间。

(3) 需要订购多少桶稀释剂、Epoxymastic 85Red-Alu 涂料和 Epoxymastic 85 White 涂料？

见表 8.4 所示，桶数应取整。

表 8.4 所需稀释剂和涂料的桶数

涂 层	消耗量/L	桶数(20 L)
稀释剂 18 - 1stS/C	0.9	1
Epoxymastic 85Red-Alu - 1st S/C	6	
Epoxymastic 85Red-Alu - 1st F/C	149	8(包含 1st S/C)
Epoxymastic 85 White - 2nd S/C	6	
Epoxymastic 85 White - 2nd F/C	128	7(包含 2nd S/C)

实践中，一般至少订购 2 桶稀释剂，因为需要使用稀释剂冲洗无气喷涂设备。

8.2 表面积计算

施工报价和涂料数量的计算都基于表面积的计算。对于新造船舶而言,船厂应在规格书中将相关信息提供给船东,包括舱室(含空舱)面积、外表面不同区域的面积(如船舶平底、船舶直底、舵、海水箱、水线间、船体水线以上部分),以及上层建筑、烟囱、底舱(如有)、货舱和甲板的面积等。对造船厂而言,或是进行施工招标时,这些数据都是计算的重要基础。

若某个区域的面积未知,那么测量面积的过程可能非常复杂。下文以某个舱室为例,介绍面积测量的步骤。

图 8.2 某舱室图(1)

从图 8.2、图 8.3 中可以看到舱室的结构。为了计算舱室的总面积,首先将舱室分割成简单的几何形状,例如直角三角形、正方形和长方形等。测量框架或梁的面积时,首先用卷尺量出其周长,再将周长乘以框架或梁的长度得到其面积。激光测距仪特别适用于面积较大或距离较长的场合;折尺适用于测量面积较小的区域。测量双层底舱室面积的过程较复杂,因为需要核算框架和其他形状的数量和面积。核算时,可使用非油性记号笔在对应区域写下该区域的面积;也可以从钢结构图纸上获知结构物的面积,再以此为依据计算表面积。

除了上述计算方法外,还可以根据舱室容积换算得到舱室面积的近似值。但应谨慎使用这种

图 8.3 某舱室图(2)

近似值。舱室容积 $V(\text{m}^3)$ 乘以一个固定的换算系数即可得到表面积 $A(\text{m}^2)$。

表 8.5 所示为舱室容积换算舱室面积时所用的换算系数。

表 8.5 舱室容积换算舱室面积时所用换算系数

舱 室 类 型	换算系数/m^{-1}
中间舱	0.5～0.6
边舱	0.8～1.2
首尖舱	2.5～4
尾尖舱	3～5
双层底舱	3～5
下部边舱	1.5～3
上部边舱	1.5～2

如果边舱的容积为 530 m^3,那么保守估计边舱表面面积为 530 m^3 · 1.2/m＝636 m^2。

如果不知道水下船体的表面积为多少,那么可以参考船舶稳性手册中的流体静力学数据,可能会查到不同吃水下的"船体浸湿表面面积"。若要使用手册中的数据,需将数据取整。

根据表 8.6,底部船底船舶平底的面积为 1 570 m^2,则垂直船体船舶直底部分的面积为 5 245 m^2－1 570 m^2＝3 675 m^2。

表 8.6 某船舶稳性手册中的流体静力学数据

高 度	吃水 T/m	船体浸湿表面面积 WAS/m^2
舭龙骨	0.6	1 570
高吃水线 (防污涂料需涂覆至此)	6	5 245

8.3 选择涂料制造商的经济学基础

从涂料订购者的角度来看,谨慎选择涂料供应商是有意义的。选择涂料供应商时需要综合考虑许多因素,经济性是其中之一。本节将给出一些基本的要素,以供用户在选择供应商时参考。

8.3.1 同类涂料产品的价格比较

同类涂料产品的价格是可以比较的,但比较的不应是每升涂料的价格,因为不同涂料的固体份不同,需要按照产品的固体份来比较价格。

比较价格之前,应了解涂料的年度消耗量或计划消耗量。在计算示例中,用缩写 C_{JFA} 来表示年度消耗量,J 代表年,F 代表液体,A 代表产品 A。

首先计算每年消耗涂料的理论固体体积,即每年消耗的涂料中除去挥发性物质后理论上剩余的固体体积,用 C_{TJA} 来表示:

$$C_{TJA} = \frac{C_{JA}(L) \cdot VS_A(\%)}{100\%}$$

如果无法计算年度消耗量或其他类似值,则可以比较每升固体的价格,即 P_{VT}:

$$P_{VT}\left(\frac{€}{L}\right) = \frac{P\left(\frac{€}{L}\right)}{\frac{VS(\%)}{100\%}}$$

本示例中所有数据均为虚构。

表 8.7 中用颜色标记了一些计算值。比较产品 A 和产品 B 的价格,计算方法如下:

表 8.7　涂料产品价格比较示例

产品名称	产品 A	产品 B	产品 C
	Epoxymastic 85 Alu	Epoxidur 2345 Alu	Epoxyshield 450
涂料类型	环氧涂料,含铝颜料	环氧涂料,含铝颜料	环氧涂料,含铝颜料
年度/计划消耗量/L	5 500	5 772	7 540
涂料价格/(€/L)	5.07	4.45	4.30
体积固体份/%	85	81	62
年消耗固体体积/L	4 675	4 675	4 675
每年消耗涂料总价/€	27 885.00	25 685.40	3 2422.00
每升固体的价格/(€/L)	5.96	5.49	6.93

(1) 产品 A 的预期或实际年消耗固体体积为多少? 以经验值为依据,假设涂料年消耗量为 5 500 L:

$$C_{TJA} = \frac{C_{JA}(L) \cdot VS_A(\%)}{100\%} = \frac{5\ 500\ L \cdot 85\%}{100\%} = 4\ 675\ L$$

(2) 产品 B 的每升固体价格为多少?

$$P_{VT}\left(\frac{€}{L}\right) = \frac{P\left(\frac{€}{L}\right)}{\frac{VS(\%)}{100\%}} = \frac{4.45\ \frac{€}{L}}{\frac{81\%}{100\%}} = 5.49\ \frac{€}{L}$$

(3) 如果要得到与产品 A 相同的固体体积,即 4 675 L,那么需要多少升液体产品 B?

8 涂料的消耗量计算和选择经济性

$$C_{\mathrm{JFB}} = \frac{C_{\mathrm{JTA}}}{\dfrac{VS_{\mathrm{B}}}{100\%}} = \frac{4\,675\,\mathrm{L}}{\dfrac{81\%}{100\%}} \approx 5\,772\,\mathrm{L}$$

根据计算结果可知,产品 B 的价格较低。

8.3.2 防污涂料的价格比较

防污成分的价格占到了防污涂料价格的很大一部分。防污涂料的价格很难比较。涂料制造商有供内部使用的对比表,但这些内容不会对外公开。由于海生物附着船体而带来的损失是巨大的,所以在选择防污涂料供应商时,信任起到了重要作用。如果船舶被海生物附着,那么其在水中航行时将受到更大的阻力,导致航速变慢,并可能增加 20% 的燃料消耗。根据船舶类型的不同,由海生物附着引起的损失有多有少,多则可达每年数十万欧元。防污涂料供应商若只承诺赔付与涂料价格相当的损失,或只赔付水下船体的清洁费用,那么赔付所得只能覆盖损失费用的一小部分。因此,必须非常谨慎地选择防污涂料制造商及其产品,选择时,还应参考自有船队的使用经验。

选择防污涂料时,对比类似产品的固体体积价格没有太大意义。因此,每个涂料供应商都应根据需要,为航运公司的各种船型或为某个新船建造项目制定技术规格书,用户可在此基础上进行价格对比。

涂料制造商可以给出其产品与样船所使用防污涂料 A 的对比,并在报价单上给出有关喷涂操作区域、活性等级、消耗因子和入坞间隔等的详细技术规范。报价的前提是,直到下一次计划入坞之时,船体上不会或仅少量附着海生物。可以要求涂料制造商就燃料消耗或效率给出最佳涂覆建议。此外,还应注意所选防污涂料得到了哪些国家的使用许可。如果某防污涂料未获得某些国家的使用许可,导致不能在航运公司经常停靠的码头进行喷涂,那么应谨慎选择这种产品。

8.3.3 入坞时的产品选择

示例:需要维修并重新涂覆某舱室的耐化学腐蚀涂层。入坞时间为 14 天,需要在冬天停靠在波兰境内,平均环境温度为 2℃,水温为 4℃。

计划使用 4 天清洁舱室和钢结构并对舱室进行彻底的喷砂处理。对比不同制造商提供的环氧酚醛树脂涂料时,应精确掌握这些涂料的涂层固化时间。环氧酚醛树脂涂料的最低固化温度是 10℃,要求船舶停靠船坞时就使涂层固化。

这类舱室的喷涂技术规格书一般包含表 8.8 所示数据。

表 8.8 仅给出了涂层固化所需的时间,实际上还要算上钢处理、污染物清洁、喷砂、粗略清洁、精细清洁和涂覆的时间。产品 A 和产品 B 的固体体积相近。假如产品 A 的价格为 15 €/L,产品 B 的价格为 6 €/L,但由上表可知选择产品 B 将无法按时完成工作。此外还必须计算加热舱室的费用,在上述情况下,加热成本会迅速超过涂料成本,甚至能达到涂料成本的数倍。涂覆船舶外表面,特别是在船坞中涂覆水下船体时,也要考虑到这一

点。因涂覆工作而延长入坞时间的成本将是航运公司的一项重要支出。

表 8.8 舱室涂层及其最小涂覆间隔

涂　　层	DFT/μm	产品 A 20℃时的最小涂覆间隔/h	产品 B 20℃时的最小涂覆间隔/h
第一道预涂	50	10	36
第一道完整涂层	100	10	36
第二道预涂	50	10	36
第二道完整涂层	100	10	36
第三道完整涂层	100	10	36
符合最小涂覆间隔要求的等待时间	—	50	180
涂层固化所需时间	—	5 天	10 天
距离船舶出坞的时间	—	7.1 天	17.5 天

8.3.4 对比涂料制造商时考虑的其他因素

除了上述因素外，选择涂料制造商时还应考虑以下因素：

(1) 制造商提供的服务。

① 制造商派遣的检验员资质。

② 处理问题的速度和可靠性。

③ 制造商派遣检验员的收费。

④ 是否提供培训及培训内容。

⑤ 如出现损失，制造商的态度。

(2) 交货。

① 交货的速度和可靠性。对于标准型产品，通常会在交货合同中指定交货时间。按时交货对造船厂和航运公司而言是至关重要的。如果某家涂料制造商经常无法按时或完整交货，那么应将其排除在外。

② 交货价格。

③ 以约定的交货价格提交的最小订货量。加急发货需增收多少费用？未达最小订货量时增收多少费用？

(3) 制造商产品的使用经验及相关参考信息。

(4) 产品及产品价格。

① 5 L 装或小桶涂料的价格。在船舶运营过程中进行维修保养时，使用小桶涂料更加划算。与 20 L 的大桶涂料相比，5 L 装二组份涂料无论是混合或使用都更加便捷。

② 是否为特殊产品，例如单组分聚氨酯清漆，它基于化学固化原理，但仍可以用二组份聚氨酯清漆涂覆其上。

③ 是否有特别容易混合的产品。

8.3.5 关于涂料制造商选择的结论

除了每升涂料的价格外,还有许多其他因素对于选择合适的制造商至关重要。需要注意的是,频繁更换制造商会造成不利影响。员工一旦习惯了某种产品及其属性,那么更换产品后会增加工作的难度,并增加学习成本。

8.4 项目成本计算

一般来说,造船厂会以每平方米的价格给出施工报价。因此,首先要计算每平方米的成本价格,计算时需考虑以下因素:

(1) 机械和设备成本。
① 租赁成本。
② 固定资产,计算折旧成本。
③ 维修费用。
(2) 消耗品成本。
① 涂料(入坞维保时,由航运公司提供涂料)。
② 喷砂材料、砂轮、清洁布、喷嘴等。
③ 劳防用品、工作服。
(3) 能源和水成本。
(4) 建筑和管理成本。
(5) 差旅成本。
(6) 货运、运输成本。
(7) 工资成本。

根据工作地点的不同,每平方米的施工价格也会有所不同。例如,在舱室内进行表面处理和涂覆的费用要高于在船舶外表面施工的费用,因为舱室相对狭窄,清洁工作较复杂,且必须额外为舱室通风。有时候还需要在舱室内搭建脚手架才能开展工作,这也会增加施工成本。在船舶外表面施工时,通常会用到车载升降台,这项费用也应计算到成本中。

示例:在码头上维修一艘船舶,在该船外表面施工时需要计算表 8.9 所示成本。

表 8.9 在码头上进行船舶外表面施工的价格示例

作 业 项 目	价格/€·m^{-2}
低压清洗—15 MPa	0.60
高压清洗—35 MPa	0.70

(续表)

作 业 项 目	价格/€·m^{-2}
高压清洗—50 MPa	0.95
手工刮除(海生物)	5.60
打磨—PSt 3	10.50
喷砂 SA2	11.00
喷砂 SA2½	13.00
超高压清洗—210 MPa	16.50
补漆 T/U—DFT 100 μm	0.85
补漆 T/U—DFT 150 μm	1.20
完整涂层 F/C DFT 100 μm—防污	0.75
完整涂层 F/C DFT 100 μm—2-K 涂料	1.03
设备防护,例如回声探测仪、阳极、计程仪等	25 €/件
车载升降台	500 €/天
搭建脚手架	7 €/m^3

在涂装技术规格书中可以找到相关工作要求,例如:

船舶平底——1 500 m^2:

① 100%——用高压淡水清洗。

② 5% SA2½,2×T/U 环氧树脂涂层 150 μm,1×T/U 封闭涂层,1×F/C 防污涂层 100 μm。

船厂检查船舶(已清洗状态)后,可将第一批数据填入核算清单(表 8.10),再根据核算清单给出施工报价。

表 8.10 船厂核算清单示例

造 船 厂		涂装工作核算清单 编号 1		
船舶/施工对象		日期:2015.2.14		
工 作	平 底	直 底	水线间	干 舷
面积/m^2	1 500	1 300	850	3 400
低压清洗—15 MPa	—	—	—	—
高压清洗—35 MPa	100%	100%	100%	100%
高压清洗—50 MPa	—	—	—	—
手工刮除(海生物)	1%	—	—	—
打磨 PSt3	—	—	—	3%

(续表)

造 船 厂			涂装工作核算清单 编号1	
船舶/施工对象			日期：2015.2.14	
工 作	平 底	直 底	水线间	干 舷
喷砂—清扫				
喷砂 SA1	—			
喷砂 SA2		—		
喷砂 SA½	3%	5%	10%	
超高压清洗 210 MPa				
补漆 T/U—100 μm	1×5% 1×7% 1×50%	1×7% 1×9% 1×12%	1×12% 1×14% 1×16%	1×5% 1×7% 1×9%
完整涂层 F/C 100 μm 防污	100%	2×100%	—	
完整涂层 F/C 100 μm 2-C 涂料			100%	100%
防护	25×			
车载升降台	是	是	是	是
脚手架	—	—	—	—
船厂代表签名			船东代表签名	

表 8.11 所示，计算上述示例中底部船体的施工总价，最小施工面积取 200 m²。

表 8.11 底部船体施工价格计算示例

底部船体施工价格计算——总面积 1 500 m²				
作 业	待施工面积/%	面积/m²	价格/(€·m⁻²) 单件价格/€	小计/€
高压清洗—35 MPa	100%	1 500	0.70	1 050
手工刮除	1%	200	5.60	1 120
喷砂 SA½	3%	200	13.00	2 600
1×T/U DFT 150 μm 环氧树脂涂层	5%	200	1.20	240
1×T/U DFT 150 μm 环氧树脂涂层	7%	200	1.20	240
1×T/U DFT 100 μm 封闭涂层	50%	750	0.85	637.5
1×F/C DFT 100 μm 防污涂层	100%	1 500	0.75	1 125
车载升降台—4 台，4 天			500	8 000
防护工作 25×			25.00	625
总 计				15 637.5

8.4　项目成本计算

　　如果某项工作的待施工面积低于最小施工面积，那么船厂会按照 200 m² 计算施工价格。底部船体的施工总价为 15 637.50 €。

　　使用这种方法可以计算出其他区域的施工价格，例如舱室、甲板等。施工难度较大的区域（如舱室），每平方米的施工价格也较高。

　　对于消耗物料较简单的工作，双方也可以约定以每小时价格计算费用，但这种情况下很难估算最终费用。如果很难用每平方米价格核算某个区域（如较难进入的底舱）的施工价格，那么可以根据经验分别计算人员工时费用、消耗物料费用、折旧费用和装备租赁费用，再给出一个固定的打包价格。计算这类区域的施工费用时，由于很难准确估算工时，所以通常会有风险溢价。

9　检　验

一份订单往往会涉及多个利益相关方。本章简要阐述了利益相关方之间的合作,并对检验员的培训要求进行了说明。

9.1　新造船的检验

如图9.1所示,对于新造船而言,负责其质量控制的主要有三个相关方:涂料制造商、船东代表(客户)和造船厂。技术规格书是质量控制的基础。造船技术规格书中必须明确:需要对哪些环节进行质量控制、由谁负责这些环节的质量控制、由谁负责文档记录。

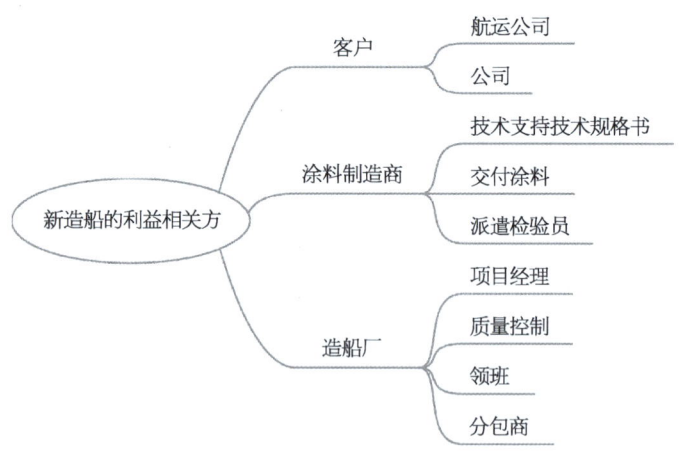

图9.1　新造船项目的利益相关方

在船舶行业,客户通常是航运公司;在海洋工程设施行业,客户有可能是来自能源领域和油气开采领域的公司,也有可能是航运公司。客户会编制造船技术规格书,并与造船厂进行协商。客户也会派遣己方检验员在建造过程中进行质量控制。

当造船厂和客户选定涂料制造商后,涂料制造商会与船厂和客户协调,并出具涂装技术规格书作为造船技术规格书的补充。涂装技术规格书中详细列出了不同区域的表面处理方法和涂层结构。对于新造船项目,通常要求在合同中规定的期限内按造船技术规格书完成新船的建造。若因非客户过错而延期交付,则应支付违约罚款。涂料费用和由涂料制造商派遣涂层检验员产生的费用由造船厂支付。这种支付方式对后续的合作是有利的,因为是由船厂而非船东决定是否需要由涂料制造商派遣检验员。涂料制造商和造船厂应确保产品和施工的质量,这对他们而言是有利的,因为一旦出现缺陷通知,就可以明确由哪些参与项目的服务提供商(如子供应商或制造商)承担赔偿义务。

在船厂内部,项目经理负责整个项目的实施,他领导了一个负责新船建造项目的项目团队。例如当技术规格书中内容产生了歧义,或质量方面经常出现违规行为时,项目经理会就这些细节给出解释。

造船厂的技术部或工程规划部负责计划和控制工作流程,并将技术规格书转化为施工说明,从而使建造计划顺利完成。

另外,船厂内部也会对新造船进行质量控制,检验时,船东以及涂料制造商派遣的检验员一般会同时在场。

船厂领班的任务是负责现场建造工作的协调与实施,但防腐蚀工作通常由子供应商负责。开展腐蚀防护相关工作时,来自子供应商的领班就会取代船厂领班的角色。一项工作完成之前,领班也负责对该项工作进行质量控制。

某些特定的区域(如压载水舱)适用 SOLAS 法规,船级社将现场监督建造过程,这也是质量控制的一种形式。

若想项目获得成功,各方之间的沟通非常重要。因此,开工之前应及时召开项目开工会,各方可通过该会相互认识,并交流各自的想法和期望。

各方之间若产生冲突,可能需要付出高昂的代价,且非常耗时,平等的沟通可以最大限度地减少冲突。船厂的领班和质量控制部门可以预先澄清很多事项。如果有无需澄清或各方都存疑的事项,那么船厂项目经理必须就这些事项与船东进行说明。

各方都会追求自己的利益,但同时也应顾及他人的利益,平衡两者才能使所有参与方都获得满意的结果。需要记住的是,船厂和子供应商都承受着巨大的成本压力和时间压力。

9.1.1 各方在新船检验时的关注点

新船检验时,各方的关注点不尽相同。船东及船东代表通常希望打包服务的价格尽可能低,此外船东必须确保新船符合造船技术规格书中的要求。对船东而言,应派遣接受过相关培训的专业人员承担这项任务,否则检验员在检验时可能会无从下手,既不知道检验什么、如何检验,也不知道是否符合技术规格书中的要求。如果检验员有一定的实际工作经验,那将是非常有利的,他可以判断哪些措施在实践中是可以采取的。此外,检验员应当熟识造船技术规格书及所参考的标准。船东应与各方保持良好、公平的合作关系,但涉及是否遵守造船技术规格书时,船东或船东代表应保持强势态度。

造船厂希望尽可能经济、高效地完成一项工作,领班和配件供应商通常承受巨大的时间压力来完成这项工作并通知检验,所以经常会出现交付工作不完整或不足的情况。船厂应通过合理的质量控制机制确保呈现给船东代表、涂料制造商派遣的检验员以及(如有要求)船级社代表的工作是按要求完成的。如果检验不合格,那么船东代表必须在船厂的检验文件上做记录。船厂内部质量控制的对象应是尚未验收的工作,应通过这个环节确保某项工作符合造船技术规格书的要求。船厂内部质量控制部门必须了解造船技术规格书和适用标准的内容。如果船东代表提出的要求不在技术规格书范围之内或违反了某项标准,那么船厂内部质量控制部门就可以援引造船技术规格书和适用标准,积极维护船厂的利益。如果船东代表与船厂质量控制部门的意见经常相左,那么负责的项目经理应参与调解。

涂料制造商派遣的检验员是介于船厂与船东之间的一个角色。首先他代表了涂料制造商的利益,一方面体现在新船建造完成后,他会提出维修保养时需要雇佣检验员及购买所需的涂料,而这部分费用由船东承担;另一方面体现在他希望船东或造船厂不提出针对涂料制造商的缺陷通知。与此同时,制造商派遣检验员的费用是由造船厂支付的,造船厂可以决定是长期与该检验员合作,还是在开启新项目之前替换新的检验员。由于新船建造项目的交付总额可达数百万欧元,所以涂料制造商并不愿意与造船厂起冲突。

9.1.2 检验通知和执行

邀请谁进行何项检验是由造船技术规格书和造船厂决定的。在防腐蚀方面,建议根据造船技术规格书精确定义质量控制的相关内容。在造船技术规格书中预先明确检验项目是非常有必要的。另外,还要就提前通知检验的时间达成一致。一般来说,工作日(周一至周五)检验需至少提前24 h通知,周末检验需至少提前3天通知。

进行检验时,通常在场的有船厂领班、船厂质量控制专员、船东代表、涂料制造商派遣的检验员,以及(如有要求)船级社代表。如果需要使用测量仪器(如测量涂层厚度的仪器),那么应事先在上述人员在场的情况下对其进行校准。

作为船东代表,应在检验过程中专注检查部件1/4或1/2的区域,如果这些区域符合要求,那么可以认为部件的其余区域也符合要求。如果一开始就在较小范围内发现了20~30处缺陷,或船厂显然没有预先控制质量,那么船东有权利申请再次检验,并将缺陷以书面形式记录在船厂的检验文件上。如果未按照约定的技术规格书开展工作,那么就会出现缺陷。船东代表的职责并不是控制整体质量,因此船东代表和涂料制造商派遣的检验员不必标记所有缺陷。这项任务应由造船厂或配件供应商(如有)承担。假如一家供应商不能持续保证其产品的质量,那么船厂和质量预控部门可以对这家供应商实行约束。船厂应及时通知相关方进行检验。技术规格书中明确了船厂通知检验的提前时间,还确定了船厂可以在哪些验收节点邀请哪些利益相关方进行检验。

9.2 在船厂进行维修保养时的检验

船舶或海洋平台入坞维修保养时的特点是,必须在相对较短的时间内完成大量工作,且有些工作会相互阻碍。很少有商船可以在造船厂停留超过 10~14 天。海洋平台的维修保养工作可能会持续数周或数月。

修船项目的利益相关方(图 9.2)与新造船项目的区别不大,但各方之间的关系却有所不同。

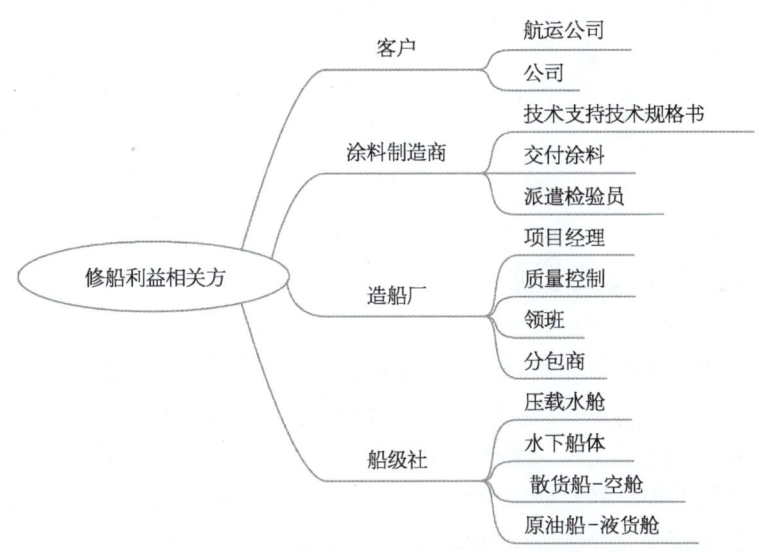

图 9.2　修船利益相关方

航运公司会发布一份修船技术规格书,涂料制造商会发布一份涂装技术规格书。船舶维修保养时,通常由船东订购涂料并要求涂料制造商派遣检验员。船东以技术规格书和入坞时间长短为基本要求向不同船厂招标。修船技术规格书一般由船员、相关技术检验员和涂料制造商共同制定。这种做法也存在问题,主要在于航运公司内部没有经过专业培训的防腐蚀专业人员,导致修船技术规格书中常常缺少防腐蚀相关的内容。入坞维修时的情况也是这样。船长和副船长一般都接受过质量控制的相关培训(一般只有导航员未接受过此类培训),他们与涂料制造商派遣的检验员一同在入坞期间执行检查工作,即便如此,他们依然不知道如何进行质量控制,更何况还缺少检查设备。因此,船东代表只能寄希望于检验员的水平以及船厂内部的质量控制。

涂料制造商派遣的检验员一般在同一家船厂工作。即使检验员的费用由船东支付,但船东、涂层检验员和船厂之间依然会产生利益冲突。入坞维修保养期间,应确保检验员具备相关资质,船东也可以指定一名第三方独立检验员参与质量控制。如果通过质量控制这个环节能使船舶涂层持续有效,那么对航运公司来说,这笔小投入可以为他们节省很多钱。水下船体的防腐蚀工作若没有做好,那么不仅会产生腐蚀,还会因为海生物的附着而增加燃料消耗。

在造船厂,通常每天早晨都要开会以协调日常工作。讨论防腐蚀问题时,涂料制造商代表应在场。在船厂进行任何有关防腐蚀的检查时,涂料制造商代表也应在场,如果后续出现缺陷,那么缺陷通知中也不会存在针对涂料制造商的问题。

9 检 验

造船厂内的工作是不分昼夜的。实践中,有些区域(如船舶外表面)的表面处理及涂覆工作会连夜完成。技术规格书和船东明确要求,每一项工作步骤或每次涂覆工作开始前都需要得到船东代表的批准,船东代表需在批准报告上签字。否则,表面处理及涂料涂覆工作很可能会出现纰漏,进而造成经济损失。由于需要在较短的时间内完成大量工作,所以应确保可以随时联系得上船东代表。在修船厂,通常由供应商直接与船东代表和涂料制造商派遣的检验员一起进行检查。

某些修船厂在展开维修工作时也会进行质量控制,是为了确保客户的满意度,并剔除供应商列表上的不合格供应商。

9.3 防腐蚀检验员的资质

为了能够承担防腐蚀检验这项工作,检验员必须具备相关的资质证明。目前全球范围内通用的资质有2项:通过FROSIO检验员培训、通过NACE涂层检验员培训。

FROSIO检验员培训的依据是挪威标准NS 476的现行版本。培训课程结束时,会以考试形式考核学员的理论和实践知识。学员通过考核后取得的证书级别取决于在相关工作领域中的工作经验,1级为初级检验员,2级为助理检验员,3级为检验员。3级检验员必须有2年的检验工作经历,他们有资格按PSPC或MSC288(87)要求进行检验及记录。另外,按照NORSORM501标准建造的海洋工程结构物需进行质量检验时,FROSIO 3级是符合最低要求的检验员级别。

NACE在美国更为普遍,这项培训主要依据美国标准。NACE 2级涂层检验员有资格按PSPC或MSC288(87)要求进行验收及记录。按照NORSORM501标准建造的海洋工程结构物需进行质量检验时,检验员应具备NACE 3级证书。

船级社和培训机构(如DNVGL、GSISLV)也会举办一些公认的培训课程,检查员通过培训后可以具备按PSPC或MSC288(87)要求进行检验及记录的资格。Corrodere课程属于公认的课程之一,该课程以在线形式教授,是学员获取基础知识的一个良好途径。学完在线课程并通过考试后,学员也可以获得从事符合PSPC要求的检验工作的资格。此外,该课程还提供ICORR涂层检验员资质培训,接受进修培训的检验员获得证书前,必须积累与表面处理和涂料涂覆相关的实践经验,因为仅凭理论测试无法证明学员是否适合从事实际检验工作。

10 技术规格书

技术规格书是合同的一个组成部分。对于新造船而言，技术规格书是客户与船厂签订的新船建造合同的必要组成部分。对于修船厂而言，技术规格书是其报价的基础。技术规格书的表述应十分清晰，包含待执行工作和待交付组件的相关信息。在船舶行业和海洋工程行业，需要对下列对象制定关于腐蚀防护的技术规格书。

（1）新造船。
（2）维修项目。
① 进入造船厂维修。
② 运营过程中在船上维修，例如由船员执行相关维修工作。

制定技术规格书时，应尽量引用现有的标准。若技术规格书中对钢结构边缘的描述是"所有锋利的边缘都要进行打磨"，那么这句话给客户和承包商都留出了很大的解释空间。如果直接参考标准，那么这句话就能表述得更加清晰，例如，"必须按照 ISO 8501-3: 6 标准 P3 等级制备钢结构边缘"。

ISO 12944-8 标准是一个很好的技术规格书模板，适用钢结构新船和维修项目。在船舶与海洋工程行业，技术规格书通常用英文制定。

技术规格书需要回答以下问题：

（1）对目标的保护期长短？
（2）目标所处环境条件如何？可以参考 ISO 129433（译者注：此处原文可能有误，应为 ISO 12944）-2 标准中的环境分类。例如，隔离区域的舱壁和甲板与海水压载水舱所处的环境条件是不同的。
（3）选用新品种金属或进行改装时，必须符合造船标准（ISO 12944-3 标准，如有必要还需满足 ISO 8501-3 标准中的预处理等级要求）。除此之外，还需要遵守相关法规，如关于压载水舱的 PSPC。应始终根据所处环境条件和保护期长短选择适用的条款；应确保新选用的金属具有良好的品质，并考虑为其预涂底漆。
（4）必须对"表面无污染"进行定义（参见 2.2）。
（5）必须结合涂层系统、保护期长短和所处环境条件对"表面处理"进行定义。ISO 12944-5 标准按照环境条件和保护期的不同，对不同防腐蚀系统进行了描述。
（6）应使工作成本与预算保持一致。建造一艘新船时，航运公司需支付给造船厂一笔固定的建造费用，造船厂需将按照双方协定的技术规格书建造的新船交付给航运公司，所以预算控制是造船厂的职责。维修项目则要根据预算安排维修工作，因此会遇到这样

10 技术规格书

的问题:某项工作是必须完成的,还是可以推迟到以后完成?如果推迟到以后,是否会产生更高的费用?除此之外,成本效益比和防腐蚀系统的耐久性也是必须考虑的问题。

应定义工作分类和工作步骤,还应规范质量控制的方法。

涂覆两道完整涂层的舱室通常应包含以下几个检查步骤:

① 钢结构检验。
② 表面无污染检验(参见 2.2)。
③ 表面处理-除锈(如 SA2½)。
④ 第一道预涂。
⑤ 第一道完整涂层。
⑥ 第二道预涂。
⑦ 第二道完整涂层。

本章提供了实际案例中表面处理和涂层系统技术规格书的样本。由于新造船项目和维修项目的利益相关方不同、开展的工作不同(如隔离、管道施工、电缆桥架施工、内部装修),所以其技术规格书也有所不同。

10.1 新船的技术规格书

图 10.1 为新船技术规格书中有关腐蚀防护的各项内容。如要更改技术规格书中内容,需要由船厂、船东和涂料制造商协商决定。

以下是一艘新船防腐蚀的技术规格书示例。

(1) 一般要求。

所有工作均应按照造船技术规格书和商定的技术规格书实施。一般应参照技术规格书遵循船东和涂料制造商的检验说明。参照涂料制造商的说明,应遵循船东、造船厂和涂料制造商商定的技术规格书。应遵守与产品相关的最新版说明书、材料安全说明书和涂覆说明。如果造船技术规格书中的标准高于涂料制造商说明书中的标准,则应遵循较高的标准。

(2) 设计。

必须依据 ISO 12944-3:2016 标准进行设计。如有偏差,应与船东澄清。

备注:如有必要,设计 ISO 129433(译者注:此处原文可能有误,应为 ISO 12944)-2:2016 标准 C1 至 C2 的腐蚀性环境下的船舶分段时可不参考 ISO 12944-3:2016 标准。

(3) 磨料的使用。

① 磨料应无污染。应按照 ISO 11125-6:1993 标准和 ISO 11125-1:2011 标准对金属磨料进行异物检验。应根据 ISO 11127-6:2011 标准对非金属磨料进行水溶性杂质检验,并根据 ISO 11127-7:2011 标准和 ISO 11127-1:2011 标准对非金属磨料进行氯化物检验。磨料应不受油、脂污染。

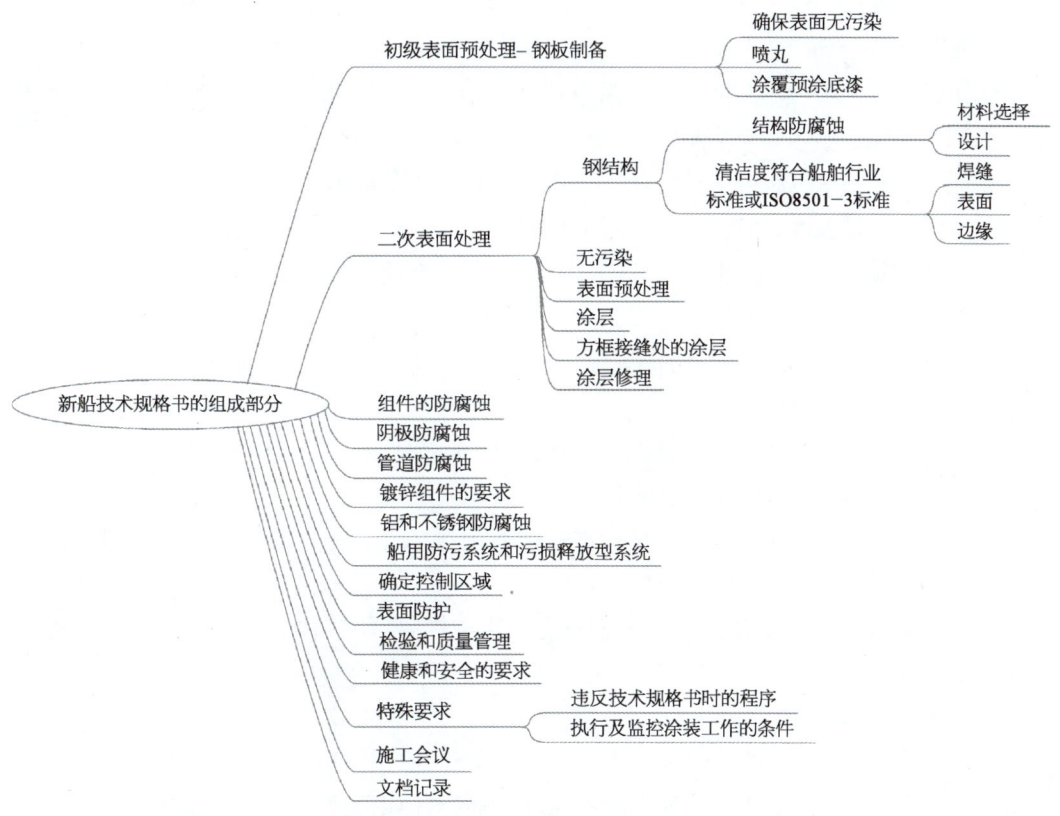

图 10.1 新船技术规格书中包含的内容

备注：这条规定的依据是表面不应被磨料污染。

② 金属磨料可用于涂覆预涂底漆前的初级表面处理过程，此过程中，可以在喷涂车间内使用金属磨料，而在后续建造阶段只能通过真空喷砂的方法使用金属磨料。金属磨料仅用于处理钢材表面。在后续建造阶段，应按照 ISO 11126 标准使用非金属磨料。符合 ISO 11126 标准的非金属磨料可用于处理不锈钢表面和铝制表面。

备注：金属磨料具有导电性。在舾装阶段或修船时，可能存在装置被金属磨料污染的风险。若金属磨料沉积在管道中，那么也会造成持续性损坏。因此，推荐在后续建造阶段使用非金属磨料。

③ 管道应无金属沉积物和磨料。

备注：金属沉积物会持续损坏涂层系统或不锈钢管道。磨料易造成管道堵塞。喷丸处理时应特别注意这一点，因为丸状物很容易堵塞甲板上的排水口。

（4）涂覆涂层前的表面污染情况。

在涂覆任意一道涂层之前，表面必须满足以下要求：

① 表面应无油、脂。

② 盐和水溶性污染物的最大含量为 50 mg/m^2，应按照 ISO 8502 - 6：2006 标准和 ISO 8502 - 9：2015 标准进行检查。

备注：若根据协议按 NORSOK M501 标准建造结构物，则其表面水溶性杂质和盐的最大含量为 20 mg/m²。

③ 应清除灰尘、污垢和磨料。表面应到达 ISO 8502-3: 2014 标准 0~2 级灰尘 2 级清洁度和 3~5 级灰尘 1 级清洁度。

备注：以上要求也符合 PSPC 和 NORSOK M501 标准的规定。

④ 露点、钢材温度、相对湿度、环境温度。

涂覆前和涂覆中，应按照 ISO 8502-4: 2014 标准测量露点、钢材温度和相对湿度。测量时应遵守以下要求：

 a. 钢材温度与露点的差不得低于 3℃。

 b. 相对湿度必须低于 85%。

 c. 环境温度和钢材温度不得低于涂料的最低固化温度。

（5）钢板和钢结构部件的锈蚀程度。

应使用符合 ISO 8501-1: 2007 标准锈蚀等级为 A 和/或 B 的钢板和钢结构部件用于钢结构。

备注：使用锈蚀等级为 C 和 D 的钢材会产生点蚀，使用这种级别的钢板和钢结构部件无法满足质量要求。

（6）初级表面处理。

钢板和钢结构部件应按照 ISO 8501-1: 2007 标准进行 SA2½ 喷砂处理，应获得 ISO 8503-1: 2012 标准要求 R_{y_5} 中等表面粗糙度。随后，使用无气喷涂法涂覆硅酸锌预涂底漆，额定干膜厚度为 20 μm。所使用的预涂底漆需通过 MSC Circular 215(82) 质量预测试，且必须与涂料制造商提供的表面耐受型涂层系统兼容。

备注：参考 NORSOK M501 标准时，预涂底漆必须通过 NORSOK M501 标准 10.1 的质量测试，且必须与涂料制造商提供的后续涂层系统兼容。

（7）不锈钢和铝的使用。

如要涂覆不锈钢和铝，则必须使用非金属磨料进行表面处理。应保护不锈钢和铝免受金属粉尘和碎屑的污染。

（8）钢结构。

如果未指定更高的标准，则应根据 ISO 12944-2: 2016 标准不同腐蚀级别制备不同区域的钢结构。

① 制备等级 P1。

备注：这些区域的腐蚀风险非常低。较高制备等级将产生更高的成本，这是不合理的。

 a. 腐蚀级别为 C1 或 C2 的不可见区域。

 b. 绝缘层以下的金属。

 c. 柴油油箱、重油油箱、润滑油油箱、烟囱内部、发动机轴。

② 制备等级 P2。

a. C1 至 C3 级别的可见区域。

b. 空舱、发动机舱、锚链舱、技术室、储藏室。

c. 货舱（如果没有更高腐蚀级别）。

③ 制备等级 P3。

如果舱室的制备等级为 P3，则在最后一步钢处理之前应对焊缝处进行 SA2½ 级喷砂处理。

备注：焊缝中的许多缺陷仅在喷砂后才可见。在进行下一步钢材处理之前，应对焊缝预喷砂。这对造船厂来说也是经济的做法。如果舱室喷砂完工后要重新处理其钢结构，则还需要对全舱室进行喷砂和清洁，这个过程可能需要耗费几天时间。

a. C4～C5 和 IM2 区域。

b. 腐蚀性液体舱、淡水舱、压载水舱、污水舱、船舶所有外部区域、货舱。海水压载水舱的焊缝制备等级至少为 P2。

（9）二次表面处理。

除非另有说明，否则应在符合 ISO 8501-3：2007 标准 P2 和 P3 钢结构制备等级的区域进行符合 ISO 8501-1：2007 标准 ST3 等级的表面处理。应在符合 ISO 8501-3：2007 标准 P1 钢结构制备等级的区域进行符合 ISO 8501-1：2007 标准 ST2 等级的表面处理。符合 ISO 8501-1：2007 标准 ST2 和 ST3 制备等级要求的表面应具备一定的粗糙度，打磨纹路需肉眼可见。完整涂层系统的边缘应打磨至平滑。

备注：关于机械加工表面粗糙度没有可供参考的标准。使用碗形刷打磨时，表面会被打磨得过于光滑，以致涂层不能牢固附着其上。

（10）预涂。

符合 ISO 12944-2 标准 C2 至 C5 及 IM2 的所有区域，装腐蚀性液体的舱室以及空舱，其焊缝、边缘、切口及使用无气喷涂法无法获得足够膜厚的区域应使用刷子进行预涂。

（11）应使用无气喷涂法涂覆涂层。如果无法使用无气喷涂法，则必须使用刷子涂覆第一道涂层。应使用无气喷涂法涂覆防污涂层。

（12）按照 ISO 19840：2012 标准检测干膜厚度。

（13）最小干膜厚度和最大干膜厚度。

① 压载水舱、淡水舱和装有腐蚀性液体的舱室的干膜厚度适用 90/10 原则，使用方法如下：

a. 单次测得的干膜厚度应等于或大于额定干膜厚度的 90%。

b. 低于额定干膜厚度但不低于 90% 额定干膜厚度的测量点数量不超过总测量点数量的 10% 是可以接受的。

② 按照 ISO 19840：2012 标准，所有其他区域的最小干膜厚度适用 80/20 原则。

③ 每道涂层的最大干膜厚度不得超过额定干膜厚度的 2.5 倍。完整涂层系统的最大干膜厚度不得超过额定干膜厚度的 2 倍。

备注：干膜厚度没有标准，应根据实践经验确定干膜厚度。ISO 12944-5 标准建议的最大干膜厚度为额定干膜厚度的 3 倍。

④ 硅酸锌涂层的最大干膜厚度为 100 μm。

(14) 修复和保护最后一道涂层。

根据 ISO 4628 标准体系评估涂层缺陷并修正缺陷。如果可见的缺陷面积超过 3%，则必须去除全部涂层，并根据技术规格书重新处理表面并涂覆涂料。如有可能，可使用获得认证的 B1 膜对已经完成涂覆的表面进行防护；高温作业时，应使用焊接毯保护已经完成涂覆的区域。

备注：造船厂和供应商通常不注重保护已经完成涂覆的区域，所以损坏涂层的情况很常见。对于造船厂而言，雇佣专业人员进行常规检查并做好有效的防护在经济性方面是有益的。

(15) 管道和组件。

管道、管道支架和组件的外表面应涂覆和周围区域相同的涂层。应在安装前在车间内进行管道、管道支架和组件的涂覆工作。应由船东或船东指定的检验员检验其表面处理及涂覆情况。完成安装后，应保护管道和管道支架免受损坏。

备注：就管道和管道支架而言，经常出现的问题是管道支架仅涂覆预涂底漆后就将管道直接安装其上。在这种情况下，若不取下管道就无法对齐管道支架以及管道在支架上的安装位置。因此，需要在组装前完成该步骤。应对已完成涂覆的管道和管道支架做好防护，特别是所在舱室还需要进行喷砂。

(16) 镀锌组件。

应船东的要求，需经常检验镀锌组件的表面处理和镀锌情况。下列钢质部件需要进行镀锌处理：栅与格栅、扶手、梯子和楼梯、外部区域的支架和组件。

(17) 防污系统。

将为海水进口、箱式冷却器和海水箱安装超声波防污装置。

备注：也可以使用带铜阳极的防污系统，但铜阳极会慢慢损耗。因此，相比每次入坞更换铜阳极，使用超声波防污装置更经济。

(18) 安全与健康。

必须遵循造船厂所在国家对工作安全与健康的要求。

必须确保待检验区域的安全性。

(19) 检验和质量管理。

邀请船东和涂料制造商派遣的检验员进行检验之前，造船厂应事先确保待检验区域符合技术规格书的规定。应保证待检区域具有足够的照明亮度，无需额外灯光即可在所有区域阅读检验文件。应提前 24 h 通知检验。船东和涂料制造商派遣的检验员应被邀请进行下列检验：

① 预涂底漆车间。

② 符合 ISO 8501-3 标准的钢结构制备。

③ 检查表面制备情况，包括表面应无污染。

④ 预涂。
⑤ 可在提出要求后检验涂层系统的单道涂层。
⑥ 最后一道涂层。
(20) 文档记录。
造船厂应按照约定的规范,对进行的以及所要求的每项检验进行记录,并将记录提交给船东和涂料制造商派遣的检验员。
(21) 涂装技术规格书。
备注:造船技术规格书中会给出通用涂料类型。表 10.1 为某船底部船体船舶平底和垂直船体船舶直底的涂装技术规格书。

表 10.1 针对水下船体的涂装技术规格书示例

涂 层	通 用 涂 料 类 型	NDFT/μm
1×预涂	耐磨,多强度环氧涂料	
1×完整涂层	耐磨,多强度环氧涂料	300
1×完整涂层	耐磨,多强度环氧涂料	300
1×完整涂层	乙烯基改性环氧封闭涂层	50
2×完整涂层	基于丙烯酸甲硅烷基酯的自抛光防污涂料,适用于运营中的、入坞间隔为 3 年的船舶	
1×完整涂层	静态防污涂层,以防舾装阶段被海生物附着	

注:底部船体和垂直船体,表面清洁度 SA2½,按 ISO 8501-1: 2007 标准。

10.2 入厂维修时的技术规格书

维修技术规格书的内容远少于新船技术规格书。以下为某维修技术规格书示例。
1) 一般项目
(1) 钢材处理。
如果需要进行钢材处理,则应按照 ISO 8501-3 标准制备新的钢结构,等级要求如下:
① 高腐蚀性区域,例如 ISO 12944-2 标准中 C5-M、IM1 和 IM2 区域;污水舱、高腐蚀性液体舱、压载水舱、乘客和汽车甲板上的可见钢,制备等级为 P3。
② 空舱中有可见钢的区域,制备等级为 P2。
③ 除上述区域外,饰板后面及低腐蚀性区域中的钢材制备等级为 P1。
如钢结构采用新设计,则应遵循 ISO 12944-3 标准。
(2) 涂覆涂层前的表面清洁度。
表面应无灰尘、污垢、油、脂或盐类污染物。

表面盐含量不得超过 50 mg/m², 检测时应遵循 ISO 8502-9 标准和 ISO 8502-6 标准。检测污垢时应遵循 ISO 8502-3 标准。污垢和灰尘的数量不得超过等级 2。

(3) 测量 DFT。

应根据 ISO 19840 标准测量 DFT。

(4) 涂覆前和涂覆中应检测周围环境,检测时应遵循 ISO 8502-4 标准。应采纳 ISO 8502-4 标准中关于涂覆前和涂覆中环境条件的建议。

(5) 最小 DFT 和最大 DFT。

除压载水舱和淡水舱以外的新涂覆区域,最小 DFT 应遵循 80/20 原则(ISO 19840)。压载水舱和淡水舱内,最小 DFT 应遵循 90/10 原则(根据 PSPC)。如果涂料制造商未指定最大 DFT,则最大 DFT 应为 2.5×NDFT。

(6) 检验。

在开始任何涂覆工作之前,应邀请船东和涂料制造商派遣的检验员进行检验。此外,还应邀请船东和涂料制造商派遣的检验员进行下列额外检验:

① 检查表面制备情况,包括表面应无污染(按规定的限值)。

② 预涂(如有)。

③ 第一道补漆。

④ 最后一道补漆。

⑤ 最后一道涂层。

(7) 应遵循涂料制造商的技术规格书、涂料说明书和使用说明书。

(8) 涂料制造商提供的涂装技术规格书也是维修技术规格书的组成部分。

2) 备注

船东提供的技术规格书中补充了涂料制造商所提供技术规格书中的内容,对于水下船体的要求可能如下:

水下船体 5 500 m²—100% 高压清洗(30 MPa),约 5% 超高压清洗(210 MPa 带旋转喷嘴),2×环氧涂料补漆(DFT 150 μm),1×约 50% 封闭涂层,2×F/C 防污涂料(按规定)。

11 工作安全

在防腐蚀工作的各个环节以及检验过程中,工作人员面临着各种各样的风险。工作步骤不同,存在的风险也不同。因此,建议进行风险分析并评估风险等级。可以根据 OHSAS 18001 编制职业健康安全管理体系。此外也不应忽略环境风险。

图 11.1 中所列出的是防腐蚀工作中的常见风险,但风险的种类不仅限于此。分析风险时应找出可能存在的危险,并研究其对人员健康及环境的危害程度。随后可以评估风险等级和发生危险的概率,并以此为依据制定预防措施,从而提升工作安全性,并尽可能降低风险、减少危险。

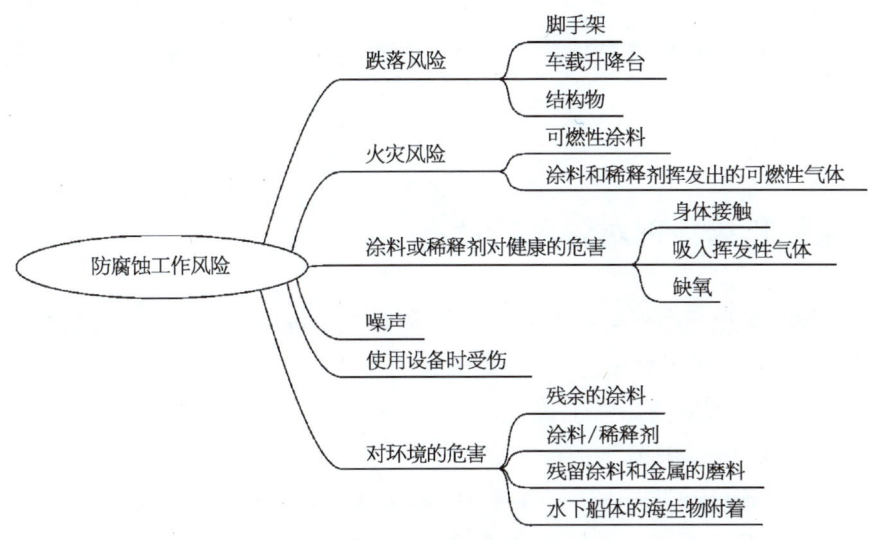

图 11.1　防腐蚀工作中存在的风险

进入造船厂的基本要求是穿戴合格的工作安全鞋、防护镜和安全帽。若进入特定区域或开展特定工作,还需按要求额外配备其他安全装备。若工作时有噪声污染,则应使用听力保护装置。

11.1 预防跌落风险

工作和检验过程中的跌落风险是非常高的。

11 工作安全

脚手架和吊架必须架设牢固,使用前必须由专业人员验收。脚手架和吊架验收合格后,施工人员方可安全进入。

吊架和木板需牢固固定。

在车载升降台或起重机吊篮内作业时必须使用安全带。

高空作业时或护栏不足以保障施工人员安全时,也必须使用安全带。如果作业时有落水的风险,则必须穿戴安全背心。

11.2 预防火灾风险

涂料和稀释剂都属于易燃液体,应存放在指定的、带独立通风系统的空间内。在船上存放时,应固定涂料桶以防从架子上滚落。应保证涂料放置处无火源或仅有最小量的火源。

浸有涂料或稀释剂的抹布也有着火的风险,因此需要将其丢弃在带盖的专用金属容器中。

密闭的空间内容易积聚易燃蒸发气体,因此,在舱室内开展涂覆工作时需要保证通风。

11.3 涂料和稀释剂对健康的危害

每种涂料和稀释液都有安全技术说明书,安全技术说明书可以从涂料制造商的网站下载。应根据使用涂料时所在国家或地区的标准下载适用的安全技术说明书。对于船舶而言,应按照船旗国要求使用安全技术说明书。一般应避免身体、眼睛接触涂料和稀释剂,也应避免吸入涂料或稀释剂的挥发物。

个人防护设备包括防护服、工作手套、防护镜、安全帽以及带过滤的防毒面罩。密闭空间(如舱室)内可能会出现氧气含量过低的情况,在这类空间内进行涂覆作业时,必须佩戴带有外部氧气供应的呼吸器。该要求同样适用于在密闭空间内进行喷砂作业时。

稀释剂和涂料会引发过敏,不建议使用稀释剂清洁双手。

开始工作之前,应在手上涂抹合适的护手霜,以最大限度地降低手接触涂料或稀释剂的风险。

若某个区域内还有其他工种开展作业,则推荐使用挥发性物质含量较少的涂料,以最大限度地减少这些区域内的涂料挥发物。

11.4 处理表面时的安全事项

(1) 使用手动工具(如角磨机或针锤)时,适用以下原则:
① 必须佩戴工作手套。
② 使用工具时不得使其指向身体部位。
③ 必须佩戴听力保护装置。
④ 必须佩戴带防尘网的口罩。
(2) 使用干式喷砂装置时,适用以下原则:
① 必须穿戴带有外部呼吸气源的喷砂专用防护服。
② 喷嘴不得对准身体部位。
③ 必须与他人保持适当距离。
(3) 使用高压清洗装置和超高压清洗装置时,必须遵守以下规定:
① 不得将喷嘴对准身体部位或他人。
② 应佩戴防护镜和安全帽。
(4) 处理化学品时,请遵循产品安全技术说明书中的要求。

11.5 减少对环境的危害

涂料、稀释剂以及表面处理产品都是对环境有害的物质,它们需作为特殊废物处理,不得随意排放到环境中。未完全清空的涂料桶需放置在特殊的容器中,即使桶打翻也不会有涂料污染周围环境。未用完的涂料应被收集至可燃性液体垃圾桶,然后作为特殊垃圾由垃圾处理厂处理。

防海生物附着系统一旦失效,就会对水体造成威胁,因为外来生物可以随船底、海水箱及管道侵入。目前尚无法规对此做出相关规定。对航运公司而言,使用防污涂层系统或污损释放涂层材料能有效保证燃料消耗处于较低水平。

12 船舶新造时的防腐蚀

新船或新海洋工程结构物的建造过程极为复杂。本章将介绍船舶新造时的防腐蚀流程。

12.1 防腐蚀流程

在船厂开展新船防腐蚀工作的流程如下：
(1) 在装置中对钢板、肋材和组件进行抛丸处理，并涂覆底漆。
(2) 根据设计图切割钢板和组件，并做标记(图 12.1)。

图 12.1 用可编程等离子切割机切割钢板

(3) 预制并焊接钢板和肋材。

一般利用熔化极活性气体保护焊接法使用焊接机焊接肋材(图 12.2)。准确设置焊接机后可获得高质量的自动焊接接缝，这些焊缝看起来非常光滑。但使用焊接机时也会出现气孔和焊接飞溅。建造新船时会预制一些组件(如 T 型梁)，预制后的组件可用于建造船体分段。在这一建造阶段倒圆或打磨肋材可能会带来不利影响，因为焊接飞溅很容易附着于经过打磨的边缘。焊接飞溅物无法牢固附着于涂覆有底漆的表面，所以这类焊接飞溅很容易清理。

12.1 防腐蚀流程

图 12.2　预制带肋材的钢板

(4) 预制的组件进入分段建造阶段。

在图 12.3 和图 12.4 中可以看到两个不同的分段。船级社、船东代表、船厂质控人员和造船厂领班需共同参与钢结构验收,包括防腐蚀验收和结构验收。验收时,应清洁并充分照亮船体分段。应清除残渣。在分段建造阶段,需按 ISO 8501-3 标准进行表面清洁度的检验和验收。如要求的是 ISO 8501-3 标准 P3 制备等级,则焊缝处例外。需要在焊缝喷砂后进行质量检验,以便发现气孔和焊接飞溅。有些船体分段已经装配了管道和管道支架,若管道及管道支架已涂覆了指定的涂层,那么在作业时应注意保护其免受损坏。

图 12.3　分段建造中的水下船体

图 12.4　双层底机舱分段

图 12.5 为压载水舱预制分段。管道穿过该分段。管道末端用盖子覆盖,以免管道内部受污染。镀锌管道的支架已按要求预先涂覆。玻璃纤维增强管道的支架未涂覆与周围区域相同的涂层,在不拆卸的情况下,无法涂覆管道支架上所有区域。为了给管道支架提供基本的腐蚀防护,需为其镀锌并涂覆黏结剂

图 12.5　安装在双层底压载水舱分段的管道

143

以及和周围区域相同的涂层。玻璃纤维增强管道未涂覆涂层。这种管道对高温作业十分敏感,高温作业时应做好管道防护措施,以保护涂层或管道免受损坏。若预先安装了镀锌电缆桥架,那么也应对其涂层进行防护。电缆桥架通常镀锌,若想延长桥架的使用寿命,可以为其涂覆黏结剂和环氧涂层,特别是当电缆桥架铺设在上层建筑之外的高湿度区域时,尤其推荐为其涂覆环氧涂层。

(5) 将水下船体分段焊接成环段(图12.6)。各分段焊接完成后,需对焊缝进行结构性检验。

图12.6　水下船体环段

在此阶段,应在船级社的监督下对所有密闭舱室进行加压测试,以检验焊缝处是否存在泄漏。检验时,焊缝上不得有涂层。该要求同样适用于焊接的管道。可用胶带贴在焊缝处,待系统完成后揭开胶带以进行加压测试。

如果有经船旗国许可的船舶绝缘布置图,那将有利于工作的开展。绝缘布置图上显示了哪些区域为绝缘区域。

绝缘区域设置有绝缘针(图12.7),绝缘针通过点焊连接至表面。在环段或分段建造阶段,应在完成结构验收后将绝缘针焊接至表面,之后便可以对这些表面进行防腐蚀预处理和涂覆。该建造阶段安装的绝缘针和管道越多,后期高温作业对涂层的损坏就越小。

(6) 将环段运输至喷砂车间,在此进行表面处理和涂覆工作。

图12.8中的环段已经经过了喷砂处理,焊缝处的喷砂处理等级为SA2½。图中所示为空舱和设备舱。

图12.9中的水下船体经过了SA2½级喷砂处理,表面涂覆的是非表面耐受型涂料。

喷砂前,应确保表面无油脂,并且表面上的盐含量低于最大限值。管道末端开口处应

图 12.7 设置了绝缘针的区域

图 12.8 喷砂车间内的船体环段

严密覆盖,以防磨料进入管道内部。应对已经涂有涂层的管道和电缆桥架进行防护,以防磨料损坏涂层。

水下船体环段中主要包括:设备舱、机舱、空舱、舱室(如压载水舱、饮用水舱、燃料舱、黑水舱、油舱等)、载货区域。

(7) 喷砂和清洁后,按技术规格书要求涂覆环段及其内部的舱室和空间。

图 12.10 所示环段的外表面涂上了涂层。水线以下区域涂覆的最后一道涂层为红色环氧树脂涂层,水线间涂覆黄色环氧树脂涂层。如果流程上允许,可以在此阶段涂覆尽可

能多道涂层,直至最后一道。若有些区域还需进行大量高温作业,则这些区域例外,推荐稍后再进行涂覆。机舱内的舱底水舱就是一个例子,如有必要,最初可以只在表面上薄涂一层环氧树脂涂层。

图 12.9　喷砂车间内的水下船体环段,
　　　　　喷砂等级 SA2½

图 12.10　涂上涂层后的环段外表面

(8) 从喷砂车间出来后,已完成涂覆的环段被安放在垫墩之上。

图 12.11 中环段的外表面、机舱区域、侧边空舱和双层底已完成涂覆。它与相邻环段将被焊接起来,这就是所谓的合龙。

图 12.11　机舱环段(带涂层)

在图 12.12 中可以看到水下船体外表面的合龙处。该处结构验收合格后将进行 ST3 打磨,边缘处的涂层被打磨掉,再按技术规格书中要求在合龙处涂覆涂层。

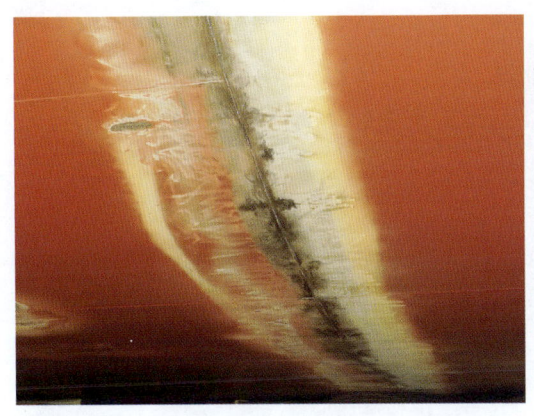
图 12.12　经过 ST3 打磨后的外表面合龙处

图 12.13　空舱内的合龙处

图 12.13 为船体内空舱内部的合龙处。涂层受损区域及涂有底漆的区域将进行 ST3 打磨,作为涂覆涂层前的预处理。

随后将进行修补工作,主要对之前由于高温作业而只涂覆了底漆的区域进行预处理和涂覆。

在最终验收之前,还需对诸如可见表面或舱室之类的区域进行再次处理与涂覆,以保证外观统一。

新船的防腐蚀工作开展顺序如下:

(1) 钢结构验收,如符合 ISO 8501-3 规定。

① 分段建造阶段。

② 分段、环段和合龙阶段。

③ 若要求 ISO 8501-3 标准 P3 或类似的制备等级,应在焊缝预喷砂或预清洁之后对涂层涂覆前的预处理工作再次进行质量检验。应与造船厂协商确定检验顺序及预处理方式。

④ 使用的新品种金属。

(2) 根据技术规格书要求检验表面是否有污染或表面污染程度。

① 不含油、脂。

② 检查表面含盐量。如果船体分段在其他造船厂完成建造,并使用拖船运输至造船厂,那么船体分段表面的含盐量很可能会增加,此时需要使用高压冲洗的方法来降低表面含盐量。

③ 根据技术规格书要求对表面进行喷砂、机械除锈或超高压清洗等处理。建造新船时,通常要求在喷砂车间内对船体分段和环段进行喷砂处理。此外还会要求对一些区域进行机械除锈。除锈时应按要求制备表面粗糙度。碗形刷会抛光表面并降低表面对涂料的附着力。应进行以下检验:

　　a. 不含油、脂。

　　b. 表面处理符合技术规格书中要求,各方可共同商定参考哪项标准,如 ISO 8501-1 或 ISO 8501-2 标准,SA2½ 喷砂等级。喷砂整片区域时,应根据 ISO 8503-2 标准检验表面粗糙度并记录。

c. 无灰尘和污垢,依据 ISO 8502-3 标准。

④ 涂覆前和涂覆中,应根据 ISO 8502-4 标准检查表面结露情况、相对湿度、环境温度和表面温度,并将这些信息记录在涂覆表单中。

⑤ 检查预涂。

⑥ 通常应由船东和涂料制造商派遣的检验员检查和记录最后一道涂层的质量。船厂应保证多道涂层系统中各道涂层的质量。

12.2 舱室的涂覆

舱室结构复杂,对涂层系统的要求较高。

按照技术规格书要求,装载腐蚀性介质、饮用水和压载水的舱室其预处理和涂覆方式类似。空舱的标准较低,因为空舱内部干燥,所处环境的腐蚀性较小。

表面处理、涂层涂覆和检验按以下顺序进行:

(1) 在分段建造阶段进行结构验收时,应尽可能仔细地检查边缘打磨、焊缝和表面情况。

(2) 压载水舱表面的制备等级若为 ISO 8501-3 标准 P3 或 P2 等级,则建议对焊缝进行预清洁或喷砂处理,然后可以进行结构性加工。在涂覆表面之前,应进行最终结构验收。造船厂通常会对整个舱室进行喷砂处理,如果需要进行钢结构施工,则完成施工后需对整个舱室再次喷砂。对造船厂而言,焊缝预喷砂这种做法是具有经济意义的。喷砂后,例如气孔等缺陷就会呈现出来,而这类缺陷在进行钢结构检验时是无法用肉眼识别的。

验收装载腐蚀性液体的舱室的钢结构时,应检查所有焊缝、表面和边缘。手电筒和镜面是常用的工具。

图 12.14 所示边缘未倒圆。借助镜面可以发现焊缝中有一个孔。检验之前,整个舱室已经经过了预喷砂处理。这种情况下,必须对舱室进行返工,包括重新喷砂和清洁。重

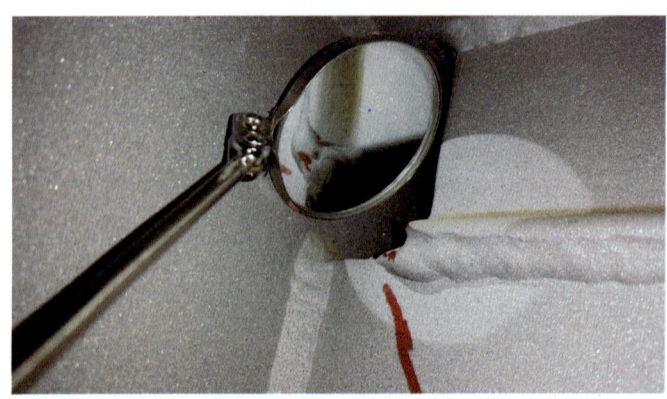

图 12.14 舱室钢结构验收

新喷砂之前,必须检查是否已准确完成结构性维修工作。

(3)舱室已进入待涂覆状态。对于涂覆非表面耐受性涂料和装载腐蚀性液体的舱室,通常要对整个舱室进行 SA2½ 级喷砂处理。应尽可能预先完成管道的涂覆,管道支架也应根据技术规格书要求预先完成涂覆再安装。喷砂前,应对管道和管道支架做好充分的防护,以避免其涂层受损。应保护不锈钢管道或玻璃纤维增强管道免受打磨灰尘的污染、免受高温作业和喷砂作业的损坏。

喷砂后,应检查并记录以下内容:

① ISO 8501-1 标准喷砂对比图(图 12.15)。应当注意,这是不使用放大镜的目视检查。可以使用卤素灯手电筒。使用 LED 手电筒时,很难在喷砂表面看到阴影。

图 12.15 按 ISO 8501-1 标准 SA2½ 级要求进行喷砂处理的舱室

图 12.16 使用符合 ISO 8503-2 标准的比较板确定表面粗糙度

② 根据 ISO 8503-2 标准检查表面粗糙度是否满足要求(图 12.16)。不同的磨料会在表面产生不同的粗糙度。

③ 根据 ISO 8502-3 标准,表面应无灰尘和污垢。

(4)涂覆前准备工作。应对舱室进行空气调节(加热舱室),以保证涂覆质量。涂覆之前,应根据 ISO 8502-4 标准测量和记录结露的概率,同时记录表面温度,以保证最小涂覆间隔。舱室喷砂及清理完毕后,必须穿着干净的工作服和鞋套进入舱室(图 12.17)。

应避免舱室被任何杂质污染。每涂覆完一层涂层且涂层固化后,可能会要求再次清洁舱室。

(5)使用刷子在舱室内部进行预涂。预涂时所使用的涂料应稀释 10%~20%,以便涂料能够渗入各类表面(图 12.18)。

预涂涂层固化后,应使用镜面和手电筒仔细检查。

预涂涂层硬化过程应不超出涂层最小涂覆间隔,否则涂覆第一道完整涂层时可能会

12 船舶新造时的防腐蚀

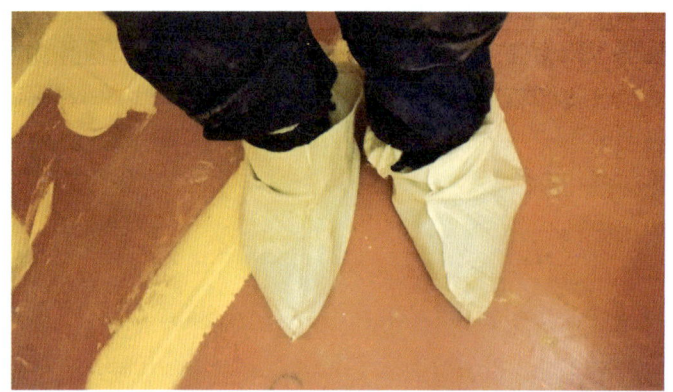

图 12.17　穿着鞋套进入舱室

出现针孔。

（6）涂覆第一道完整涂层。

在理想情况下，舱室每涂覆完一道完整涂层，应至少由造船厂，必要时由涂料制造商派遣的检验员检验涂层涂覆情况。应标记并修补缺陷处。使用记号笔在涂层过薄处做标记，后续涂覆时应进行校正。根据测得的涂层平均厚度和表面温度确定最小涂覆间隔，并以此为根据确定下一道涂覆的时间。

（7）对于装载腐蚀性液体的舱室，通常会进行第二次预涂，并检查预涂涂层质量。第二次预涂时，不应使用稀释后的涂料。

（8）继续涂覆下一道完整涂层（直至最后一道涂层）。每涂覆一道完整涂层，都应从步骤（6）起重复流程。

（9）完成最后一道涂层后，应对舱室进行质量控制和最终验收（图 12.19）。

图 12.18　完成预涂的舱室，目视检查预涂情况良好

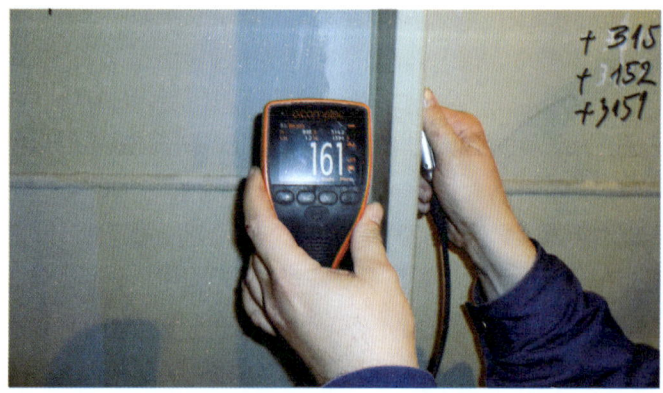

图 12.19　涂覆完成的舱室

测量涂层厚度。如果未出现大量缺陷,则标记缺陷并开展修补工作。否则,应在完工后再次对整个舱室进行检验。

(10) 在后续建造阶段,舱室中可能会出现涂层灼烧的情况(图 12.20)。

图 12.20　舱室中的涂层灼烧

如果舱室中未装载介质,或未受到其他污染,那么涂层灼烧点周围不太可能会被盐或油脂污染。若使用的是表面耐受型涂料,应在灼烧点进行 ST3 打磨并去除锋利的边缘。可以使用粒度为 16 的刚玉纤维盘(图 12.21)。

图 12.21　刚玉纤维盘

图 12.22　按 ISO 8501-1 标准使用刚玉纤维盘进行 ST3 等级处理的表面

图 12.22 中,表面上有新金属,涂层灼烧处经过了 ST3 等级打磨。使用刚玉纤维盘打磨后,可以在表面上看到凹槽,这些凹槽有助于涂层的附着。相反,如果使用碗形刷抛光,那么表面将非常光滑,导致涂层无法牢固附着其上。使用非表面耐受型涂料,或维修时要求表面进行 SA2½ 喷砂处理并具备一定粗糙度,那么必须对表面进行喷砂处理,并打磨锋利的边缘。一般喷砂工艺的缺点是,磨料会破坏完好的涂层。因此,可以在光滑的表面上使用气动钢丝轮打砂机(图 12.23 和图 12.24),正确使用该工具可以获得良好的表面轮廓。

12 船舶新造时的防腐蚀

图 12.23 处理焊缝表面时用到的气动钢丝轮打砂机

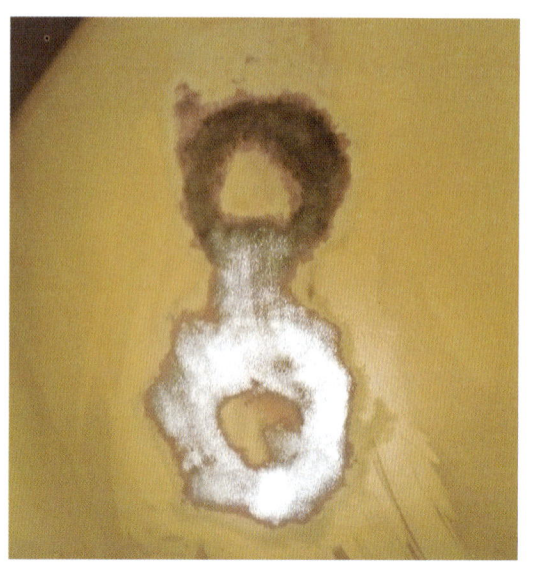

图 12.24 使用气动钢丝轮打砂机处理后的舱室内部表面

对于焊缝和较难触及的区域,使用气动钢丝轮打砂机很难获得足够的表面粗糙度,因此使用真空喷砂机更适合。真空喷砂机可以回收磨料,可根据使用区域的不同选择不同的喷嘴。

清洁后,用刷子涂刷修复表面。必须检查并记录表面的清洁度、待修复处与周围涂层的平滑过渡以及表面结露的概率。

空舱内部干燥,出现腐蚀的概率较低,因此可以使用机械除锈的方法来保证防腐蚀系统持续有效。对于新船而言,可在喷砂车间对其进行 SA2 级喷砂处理,可轻松去除预涂底漆的残留物。

对于需按照 PSPC 进行涂覆的压载水舱和散货船空舱,应对焊缝和残余底漆进行 SA2½ 喷砂处理(图 12.25),前提是预涂底漆通过了 PSPC 的质量测试。这同样适用于原油船的货油舱,须按照 MSC 87 的规定进行涂覆。

舱室合龙处应按照技术规格书要求进行处理,然后再涂覆涂层。如果待处理区域面积较大,那么可以进行无气喷涂。和普通舱室一样,焊缝和边缘需预涂。若合龙处位于符合 PSPC 的压载水舱和空舱,以及符合 MSC 87 的原油船货油舱,则应对合龙处进行 ST3 级别打磨。

图 12.25 空舱,焊缝经喷砂处理

12.2.1 符合 PSPC 的压载水舱和散货船空舱以及符合 MSC 87 的原油船货油舱的涂覆

本节介绍符合 PSPC 的压载水舱和空舱的典型涂覆步骤。符合 MSC 87 的原油船货油舱的涂覆步骤与其相同。按照规定,必须由 FROSIO Ⅲ 级检验员或 NACE Ⅱ 级检验员或具备其他同等级别资质的检验员陪同检验和记录。涂层报告必须由负责的检验员(一名或多名)签字。涂覆过程主要分 5 个步骤应分别记录这些步骤。

进行任意一道涂覆工作之前,应检查并记录表面是否含油脂、表面的盐含量、结露的概率、灰尘的数量以及灰尘颗粒大小。应始终确保表面无油脂。表面的最大盐含量为 $50\ mg/m^2$。表面温度和露点之间的差至少为 3℃,在车间中,该要求通常都能得到满足。

步骤 1:在涂覆之前,将钢板及其部件(如肋材)置于预涂底漆设备中。检查钢材的锈蚀程度、喷砂表面的粗糙度和表面清洁度。从磨料中取样以检查磨料是否被污染。进行涂层厚度测量,即在光滑且未喷砂的表面涂覆涂料并测量。

步骤 2:对分段和环段进行钢结构检验。焊缝和表面需按照 ISO 8501-3 标准 P2 等级制备,边缘处需按照 P2 等级制备。对于舱室而言,可在后续加工过程中对焊缝进行喷砂处理,以更加清晰地显示出气孔和焊接飞溅,之后再对焊缝进行修补。

步骤 3:将环段置于喷砂车间。钢结构通过验收后,对舱室进行喷砂处理。如果预涂底漆通过了 PSPC 的质量测试,那么对焊缝和残余底漆区域进行喷砂处理就足够了。此外还需对拐角和边缘进行喷砂处理,以使涂层能够牢固附着于这些区域。按照技术规格书要求涂覆舱室。压载水舱的涂层应使用获得 PSPC 认证的环氧树脂涂料涂覆,涂层系统包含:

1×预涂使用环氧树脂涂料;
1×完整涂层使用环氧树脂涂料,DFT 160 μm;
1×预涂使用环氧树脂涂料;
1×完整涂层使用环氧树脂涂料,DFT 160 μm。

最后,根据 90/10 原则对舱室进行目视检验和层厚测量:至少 90% 的测量值必须达到额定干膜厚度 320 μm。至多 10% 的测量值可以低于 320 μm,但不可低于 288 μm,即 NDFT 320 μm 的 90%。

步骤 4:如果舱室中有合龙处,那么需要对该处进行结构检验。应对舱室和涂层损坏处进行 ST3 及以上级别的打磨。必须确保舱室无污染,然后进行涂覆。

步骤 5:修复缺陷。必须记录表面无污染、表面处理情况以及修复区域的涂层厚度。

涂覆其他区域(如集装箱船载货区、散货船载货区、舱室)时,也可以按上述步骤进行涂覆。应按照涂装技术规格书要求,并与船厂共同确定待检验项目的验收标准。基本原则是,使用非表面耐受型涂料时,应按照 ISO 8501-3 标准 P3 制备等级来制备钢结构。使用酚醛环氧树脂涂料时就遵照上述要求,该涂料主要用于涂覆黑水舱和化学品舱。

12.2.2 饮用水舱的涂覆

饮用水舱的钢结构应根据 ISO 8501-3 的 P3 制备等级进行处理。涂覆前应确保舱室无污染。应对舱室进行 SA2½ 喷砂处理。应使用获得批准的涂料涂覆饮用水舱。这类涂料大多具有非常高的固体分,且不含稀释剂。因此,喷涂这类涂料的过程较复杂,一般只有经验丰富的喷涂员才能胜任。有些饮用水舱完全由不锈钢制成,此时应避免这类饮用水舱中出现涂层灼烧,否则很难修补灼烧处的涂层。应在喷砂和涂覆之前完成对舱壁的高温作业。

12.3 底舱的涂覆

底舱通常也会涂覆具有两道环氧涂层的涂层系统,其涂覆过程与舱室涂覆过程相同。涂覆底舱的难点在于找到合适的涂覆时间。底舱区域铺设了很多管道,若在涂覆车间进行作业,则会导致涂层严重损坏。涂覆底舱的最佳时间点是,周围区域的高温作业全部完成之后,且在底舱区域开展管道隔离工作之前。如果有可能的话,应尽量保证底舱区域未被油、脂污染。涂覆时,无法在该区域开展其他工作。应使用挥发性物质含量较低的环氧树脂涂料涂覆底舱,以降低工作区域的挥发性物质的浓度。

首先对底舱区域(图 12.26)进行预清洗。如果有必要,则应清除底舱内的油、脂。打磨已有涂层。待底舱区域无污染时,即可进行喷涂。喷涂工作应细致地开展,由于维修保养时停留在造船厂的时间有限,且需要在机舱区域进行其他维保作业,所以很难对底舱进行维修。如果底舱被油、脂污染,那么将会成为影响船舶使用寿命的隐患。

图 12.26 营运中船舶的舱底

12.4 水下船体的涂覆

应按照技术规格书要求在涂覆车间对水下船体区域进行涂覆。应检验预涂和最后一道涂层的质量。之后喷涂防污涂层。如果舾装时间较长,那么应为水下船体涂覆静态防污涂层,以防止舾装期间的海生物附着。如果船舶水下船体或侧壁所受的机械应力较大,那么可以涂覆专用的耐磨型环氧涂层。这类涂料中,有些添加了玻璃纤维以增强其耐磨性。使用这类涂料之前,应对表面进行 SA2½ 级及以上的喷砂处理。可为海水箱涂覆常规的防腐蚀涂层,涂层厚度至少为 300 μm。应使用具有高抛光速率的涂料,并使涂层达到一定的厚度,以最大限度地减少海生物的附着。

12.5 装货区域的涂覆

根据船舶类型的不同使用不同的涂层系统。对于散货船而言,应涂覆适合食品运输的环氧树脂涂层。对于滚装船的货运甲板,应涂覆耐磨、耐用的涂层。为此,可对表面进行抛丸处理,并涂覆硅酸锌、环氧流平罩光涂层和耐磨型环氧涂层。在保养措施得当的情况下,这类涂层系统能保持超过 15 年的良好状态。除此之外,可在载货区域涂覆常规的环氧涂层。

12.6 符合 NORSOK M501 的涂层

对于符合 NORSOK M501 的涂层,适用于 PSPC 压载水舱类似的涂覆流程。该标准的一些特殊要求如下。

(1) 关于"污染",必须注意以下几点:

① 不含油、脂。

② 除非满足以下环境条件,否则不得进行最后一步喷砂或最后一道涂覆。

a. 表面温度和露点之间的差必须始终为 3℃,除非涂料另有要求。

b. 相对湿度必须低于 85%。

③ 灰尘的大小和数量不得超过 ISO 8502-3 标准等级 2 中的要求。

④ 表面最大盐含量为 20 mg/m^2。

(2) 应按照 ISO 8501-3 标准 P3 制备等级进行钢材处理。检验及记录文件应符合 NORSOK 标准中的规定。

海洋工程设施上的不同区域可以按照 NORSOK M501 标准对不同区域涂层的要求

来涂覆。另外,该标准也规定了不同区域的检验和记录要求。

12.7 设备舱的涂覆

将大型设备安装到设备舱(图 12.27)之前,应对设备下方的表面进行处理并按技术规格书要求进行涂覆。完成大部分高温作业后,即可对设备舱进行表面处理和喷涂。有时为了防止漆雾污染周围区域,只能使用滚刷进行涂覆。

图 12.27　设备舱

由于设备舱内出现腐蚀的概率较低,因此涂覆干膜厚度为 100 μm 的环氧树脂涂层就够了。环氧树脂涂层的孔隙比聚氨酯涂层的大,且颜色不稳定。如果要使墙壁易于清洁,则可在环氧树脂涂层之上再涂覆一道聚氨酯涂料,聚氨酯涂料的颜色稳定性较好,且易于清洁。

12.8 绝缘表面的涂覆

绝缘区域设置有绝缘针,见图 12.28。外表面上的绝缘区以及空气湿度超过 40% 的绝缘区应涂覆干膜厚度至少为 100 μm 的环氧树脂涂层。这种做法的原因是外表面绝缘区易形成冷凝。绝缘针通过点焊连接至表面。如果绝缘针被冷凝物腐蚀,则绝缘针无法固定在表面上,那么存在舱壁后方大面积绝缘层剥落的风险。最简单的做法是在喷砂车间内完成涂覆,可以通过抹布和稀释剂清除焊接烟雾。图 12.29 所示为涂覆后的区域。

图 12.28　设置有绝缘针的区域

如果铺设了绝缘布,那么应该用滚刷在

绝缘布上涂覆一层乳胶涂料。对于机舱等可能产生油气的区域而言,这种做法是非常有必要的。其法律依据是 SOLAS 公约第Ⅱ-2 章第 4 条第 4.3 款,根据该条款,任何油气均不得渗入绝缘层。在绝缘布上涂覆涂层(图 12.30)的做法能防止油气渗入绝缘层。另外,绝缘布易沾灰,且沾上的灰尘难以清除,涂覆乳胶涂料后,能长期保持绝缘布的清洁。

图 12.29　涂覆后的区域

图 12.30　涂覆有涂料的绝缘布

13 船舶维修时的防腐蚀

船舶入坞维修时,必须在相对较短的时间(约 7~14 天)内并行完成和协调多项工作。建造新船时,造船厂会通过电子邮件提前邀请相关方进行检验。由于入坞维修的时间较短,所以一般会电话通知检验。检验工作通常会与船长、大副协调,有时会额外邀请船舶首席工程师、涂料制造商和船厂内负责检验的人员共同参与。如有必要,可在展开后续工作时从列表上删除某些检验项目,删除时需获得各方同意。入坞时的检验工作主要涉及下述利益相关方:

① 航运公司代表。
② 涂料制造商派遣的检验员,由航运公司指定并支付酬劳。
③ 船厂项目经理或其他船厂代表,负责入坞期间的各项事宜。一般来说,他们每天早上都会与航运公司代表开会,讨论工作清单上的各个项目节点以及下一步工作计划。
④ 负责涂装工作的驻厂领班。

13.1 水下船体

排出船坞中的水后,立即用淡水(至少 30 MPa)冲洗船体外表面。如果上层建筑和水线间也需要涂覆,那么这些区域也要进行冲洗。这些区域的涂覆工作通常只能在造船厂完成,原因在于船舶停港时间不够长而不足以完成这项工作。除了这个原因外,很多港口禁止船舶在停靠期间涂覆外表面,因为涂层材料可能会滴入水中,从而造成环境污染。冲洗外表面时,应将表面温度保持在 0 ℃以上,以防结冰。

在冲洗之前,应拍照记录水下船体的海生物附着情况(图 13.1)。如果 30 MPa 的高压水不足以冲洗掉船体表面的附着物,那么也可以使用 50 MPa 的高压水进行清洗。如船舶使用的是污损释放型涂料,在无需维修、无海生物附着的情况下,则不必清洗。如果出

图 13.1 冲洗前的水下船体

现了图 13.1 中所示的海生物附着,则必须使用 50 MPa 以上的高压才能彻底清除附着物。冲洗基于有机硅的污损释放型涂料时,应使用 15 MPa 的高压水,同时不得使用旋转喷嘴。过高的水压以及旋转喷嘴的使用都会对有机硅涂层造成永久性损坏,甚至会冲掉涂层。

冲洗完成后,应由驻厂领班、船厂项目经理和航运公司代表共同检查金属和涂层系统是否有损坏。随后,各方将商定使用何种方法对多少比例水下船体进行除锈。例如,经各方协商,确定使用超高压清洗(210 MPa)法对 5% 受损涂层进行处理。如果舵或桨区域出现了气蚀损坏,则可以使用非金属角磨料对这两个区域进行喷砂处理,再涂覆玻璃纤维增强型环氧涂料或聚酯涂料。

Jastram 舵叶片上的气蚀损坏严重,无法通过涂覆涂层来修复。若借助特定的刮削系统,修复后的系统只能维持很有限的一段时间。原则上,受螺旋桨水流严重影响的区域应在出现损坏后进行喷砂处理,并涂覆耐蚀性涂层系统。

对于螺旋桨而言,也可以通过使用非金属磨料进行喷砂处理并涂覆玻璃纤维增强聚酯涂层以最大限度地减少气蚀,见图 13.2。

海底阀箱也要用高压水清洗,其中的海生物附着可使用刮除的方法去除。应特别注意清洁海水进口。

检查过程中还要确定水下区域的哪些阳极需要更换。除锈之前,应盖好保护好所有传感器。入坞施工图纸上会标明传感器和船底塞的位置。

为避免后续涂覆过程中出现表面结露,应拔出船底塞并排空压载水舱。

水下船体常规防污涂层涂覆工作主要包含以下步骤。污损释放型涂层的涂覆含特殊步骤。

① 为便于记录,在清洗之前应拍摄水下船体的照片。

② 为便于记录,在清洗后应再次拍摄水下船体的照片(图 13.3)。

图 13.2　螺旋桨涂覆涂层后可避免气蚀损坏

图 13.3　清洗后的水下船体

③ 拔出压载水舱的船底塞,以免产生冷凝水(图 13.4)。

④ 用高压(至少 30 MPa)淡水冲洗水下船体和海水箱。

⑤ 完成清洗后进行检查,并就维修范围和维修方法达成一致。

⑥ 检查是否覆盖了所有传感器(图 13.5)。

图 13.4　压载水舱的船底塞

图 13.5　覆盖水下船体区域的传感器

⑦ 按照技术规格书要求开始除锈工作。通过超高压清洗(至少 210 MPa)可以获得非常好的除锈效果,这种方法的优点还包括可以可靠地去除表面上的盐类物质。除了这种方法外,还可以对涂层受损区域进行喷砂处理或机械除锈,但这类机械方法非常耗时,且处理效果一般。

图 13.6 所示为点状喷砂的处理效果。使用空气清洁表面。若涂料为表面耐受型涂料,那么也可以用淡水再次清洗表面,因为轻微的表面锈蚀不会产生问题。

图 13.6　水下船体经过喷砂处理的区域

图 13.7　水下船体经过超高压(210 MPa)除锈的区域

图 13.7 所示水下船体经过了除锈处理,这种处理方式的优点是处理后表面的灰尘和污垢较少,且可以可靠地冲洗掉表面的盐类物质。

对水下船体进行机械打磨是非常耗时的,但可以使打磨区域与未受损涂层之间形成平滑的过渡。

⑧ 在喷涂涂料之前,必须覆盖并检查所有阳极,包括海水箱中的阳极。处理方式与水下船体处理方式相同。

⑨ 检查经过除锈处理的区域。该区域应喷涂环氧树脂涂料，否则，两道防腐蚀涂层系统（每层为150μm环氧树脂）无法达到所需的厚度。喷涂任何涂料之前，必须获得喷涂许可。检查并记录露点、表面温度和相对湿度，表面温度高于周围空气露点温度3℃以上。涂层的颜色应有所不同，从而可以目视检查所有区域是否被涂覆。随后拍摄照片进行记录。

⑩ 环氧树脂涂层固化后，应检查干膜厚度是否满足要求，是否必须对某些区域进行补漆（图13.8）。

图13.8　用环氧树脂涂料对水下船体进行补漆

⑪ 使用无气喷涂法喷涂防污黏结剂。如果旧防污涂层的很多区域都比较脆弱，那么可以为整个水下船体喷涂黏结剂。否则仅需在看不到旧防污涂层的区域喷涂黏结剂（图13.9）。

图13.9　喷涂有黏结剂的水下船体

⑫ 上层建筑的涂覆工作完成之后，才能开始喷涂防污涂层。否则，从上层建筑飘出的漆雾会影响防污涂层的防污效果。防污涂层的厚度是无法测量的，因为防污涂层下方的涂层会和新涂覆的防污涂层相溶。因此，使用湿膜梳测量得到的不仅是新涂覆防污涂层的厚度，还包括旧防污涂层的厚度。出于这个原因，将指定的防污涂料喷涂到表面时应注意将桶内的涂料均匀喷涂在整艘船上，并用完桶内所有涂料。较厚防污涂层的有效期较长，若有这种需求，可在技术规格书中要求涂覆两层防污涂层。

在最近一次入坞时，为船舶喷涂了两层防污涂层，第一层为棕色，第二层为红色。船体经过清洗后，人们可以清楚地看到哪些区域的防污涂层已经完全剥落、哪些区域还留有黏结剂或环氧树脂涂层（图13.10）。在棕色区域可以看到第一层防污涂层，也就是棕色

13 船舶维修时的防腐蚀

图 13.10　入坞清洗后涂覆的两层防污涂层

的涂层。根据涂层剥落情况,确定打磨方法。

⑬ 将防污涂料的空桶交给船东代表。由于防污涂料非常昂贵,有时会出现涂料被盗的情况。

⑭ 涂覆后,应检查是否已移除覆盖在所有阳极和传感器上的保护层。

⑮ 标记水下船体,标记时通常使用白色丙烯酸涂料。由于防污涂料是一种物理干燥型涂料,所以适合使用丙烯酸涂料。

标记的内容包括压载水舱的外壁、肋材(如有)和舱底塞(图 13.11)。

图 13.11　标记水下船体

⑯ 出坞前应对船舶进行检查。检查时应塞上所有舱室的舱底塞。

13.2　上层建筑与水线间

入坞维修时,一般推荐使用 210 MPa 超高压水为上层建筑和水线间除锈。如果是货船,那么也可以对其进行喷砂处理,但喷砂会在上层建筑区域形成大量污垢。对于客船、货船上层建筑的窗户和边缘区域,则需要使用刚玉盘或其他工具(如气动钢丝轮打砂机)进行机械除锈。除锈时,不得破坏窗户的橡胶衬条。各方就上层建筑涂层修补位置达成一致后,应根据其涂层损坏程度估算百分比并进行除锈。可以对护舷条的表面进行喷砂处理,以便能够在其表面涂覆耐磨性特别好的、非表面耐受型的环氧树脂涂层或聚酯涂层。

涂覆前应确保表面无污染。应测量露点和表面温度,以防出现冷凝的情况。在船舶外部涂覆每一道涂层之前都需要进行测量。涂覆第一道涂层时,应使用喷涂或刷涂的方法。如果船上涂覆的最后一道涂层为丙烯酸,那么应注意不要将环氧树脂涂料涂到非待修补区域,否则环氧树脂涂层会开裂。如果是聚氨酯涂层,那么就不存在这个问题。

若通风格栅生锈,则应将其拆下并送去喷砂和电镀,只有这样才能延长这些部件的使用寿命;否则,通风格栅上会产生持续不断的锈蚀。应仔细地去除边角处的锈蚀,并对这些区域进行刷涂。

补漆时,应至少涂覆两道分别为 150 μm 厚的环氧树脂涂层。

如果涂料制造商可以提供所需颜色的第二道补漆涂料,那么将方便工作的开展。第一道补漆覆盖了待修补区域,而所选择的第二道补漆颜色应与之匹配。

修复所有区域后,可以测量环氧树脂涂层的干膜厚度,并确定是否需要再次修补。

随后,船东可以决定是否要在整个表面上涂覆涂料,还是仅在修补过的区域涂覆涂料。涂覆时可以使用聚氨酯这种双组分涂料,也可以使用丙烯酸这种单组分涂料。需要注意的是,不得将聚氨酯涂料涂覆于丙烯酸涂料之上,否则会导致涂层开裂。

13.3　甲板表面的涂层

受损面积小于 8% 时可以进行修补。可使用超高压(210 MPa)旋转喷嘴清洗甲板表面,然后修补涂层。这种处理方法的优点是可以可靠去除表面的盐类物质。清洗完整个表面并完成修补后,可在表面涂覆一道完整的装饰性涂层。如果受损面积达到了 8% 及以上,那么修补涂层在经济上是没有意义的。

图 13.12 所示甲板表面约有 10% 的面积受损。如果要对其进行除锈处理,那么涉及的面积约占 20%。可以预料的是,其余涂层将在短时间内陆续损坏,那么维修将会变得既耗时又昂贵。因此,重新涂覆整个表面是更值得推荐的。船舶的外甲板和滚装船的车辆甲板均需涂覆涂料,为了快速对大面积甲板进行表面处理,可以使用抛丸机。若要对侧边或边缘处进行喷砂处理,那么可以采用常规喷砂或真空喷砂的方法。

新船的甲板也可以涂覆硅酸锌涂料。入坞时,必须核实是否有足够时间按所要求的方法涂覆涂料。这种涂料的优点是耐久性较好。

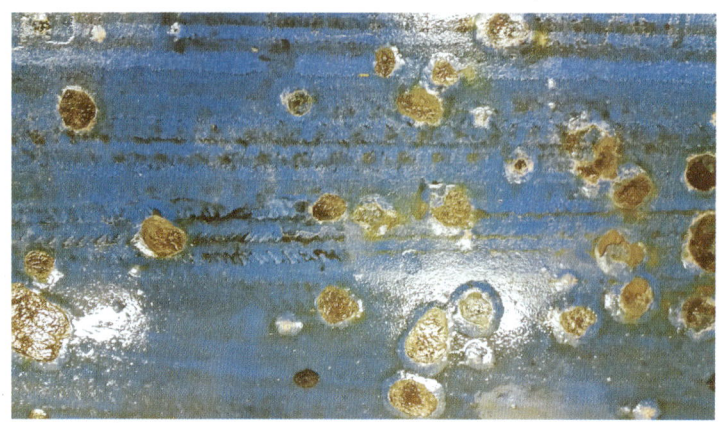

图 13.12　甲板表面约 10%的面积受损

（1）清除表面污染。

① 清除油、脂。

② 高压清洗，最好使用 30 MPa 或 50 MPa 高压水以除去盐类物质，然后进行 Bresle 测试。表面最大含盐量不应超过 50 mg/m^2。

（2）待甲板干燥后，用抛丸机对表面进行 SA2½级处理（图 13.13）；检查抛丸纹理和粗糙度。

图 13.13　对出现点蚀的钢表面进行 SA2½级抛丸处理

（3）完整涂覆一层硅酸锌涂层。

① 完整涂层涂覆完成约 0.5 h 后，可以在焊缝处涂覆硅酸锌涂料。

② 测量干膜厚度。在任何情况下，都应使干膜厚度保持在 100 μm 以下，以免遗留硅酸锌涂层开裂的风险。涂层过厚处可使用砂纸打磨。

③ 如果干膜厚度符合要求，则可以向甲板喷淡水水雾。硅酸锌涂层需要在高湿度的环境下才能固化。

④ 涂料固化大约需要 6～24 h。按照 ASTM D4752 标准 MEK 测试法检查涂料固化

情况。

⑤ 涂层固化后，在干燥的甲板上涂覆稀环氧树脂涂料进行密封。

⑥ 雾涂层固化后，可以涂覆下一道环氧树脂涂层。

如果没有足够时间涂覆硅酸锌涂层，则建议使用至少含 80% 锌粉的环氧化锌涂料。这种涂料的一大优点是，若涂层干膜厚度约为 75 μm，那么完成涂覆后 2～4 h 即可直接涂覆下一道环氧树脂涂层。

如要求涂层具有防滑性，那么可以在环氧树脂涂层干燥前撒入石英砂（粒度为 0.8～1.6）。这种方法仅适用于下一道涂层为环氧树脂或涂层系统仅使用环氧树脂的情况。待涂层固化后，清除散落的石英砂，并在表面喷涂一层新的环氧树脂，从而密封表面。

图 13.14 中甲板的走道区域散入石英砂增加防滑性，作业时旁边做好的油漆区域用薄膜保护，避免污染。

图 13.14　砂光甲板表面

13.4　底舱涂层的维修

底舱的表面经常被油、脂污染（图 13.15），涂层也会受到其影响。因此，必须先用化学清洁剂彻底清洁整个底舱内的油脂，再用淡水清洗。如果要涂覆一道完整的涂层，那么涂覆前需对整个表面进行打磨。应按 ISO 8501-1 标准 ST3 级要求去除受损涂层。清理表面灰尘后，使用刷子在受损处至少刷涂 2～3 层补漆。之后便可在底舱内涂覆完整的涂层，最好使用溶剂含量较低的表面耐受型环氧树脂涂料。涂覆前应确认是否可以使用环氧树脂涂料。亚洲一些造船厂建造的或老或新的船上，整个机舱区域涂覆的是醇酸树脂涂层，在这种情况下，维修时也应使用醇酸树脂涂层。

图 13.15　船舶底舱

13.5　储舱和货舱涂层的维修

维修储舱和货舱的涂层时,通常需要借助脚手架进行。同时,必须始终确保空气充分流通,以使溶剂从舱内散出。

压载水舱、空舱和(如有)燃料储舱若涂覆了涂层,那么这些涂层通常是表面耐受型涂层。维修表面耐受型涂层时,一般执行以下步骤:

① 必须确保表面没有被油、脂污染。一般来说,储舱不太会被油、脂污染,但维修时还是应该对此进行检查。

② 表面的盐分不得超过 50 mg/m²。如有必要,应使用 Bresle 测试法进行测试。

③ 如果存在盐类物质,则可以用超高压清洗法(210 MPa)将其除去。此外还要对这些区域进行除锈,然后再次高压清洗。

④ 根据 ST3 要求,使用刚玉盘打磨涂层受损区域。

⑤ 使用刷子和环氧树脂涂料修补受损区域。进行大面积维修时,可使用无气喷涂法。涂层的干膜厚度至少应达到 300~320 μm。

对于涂覆了非表面耐受型涂料的储舱,例如饮用水舱和黑水舱,则必须按照 SA2½ 要求对涂层受损区域进行喷砂处理。黑水舱内很可能有盐类物质,若仅使用高压清洗的方法无法完全去除盐类物质,那么必须先清洗、喷砂,并再次使用 30 MPa 高压水清洗。进行 SA2½ 级喷砂时,可以使用 Bistle Blaster 或真空喷砂设备,也可以使用普通的喷砂设备,但普通喷砂设备产生的灰尘和污垢较多,且存在磨料损坏完好涂层的风险。涂覆非表面耐受型涂料时,表面温度应保持在 10℃。

维修饮用水舱涂层时,一般执行以下步骤。若储舱使用的是表面耐受型涂料,且受损区域经过 ST3 打磨,则执行步骤相同。

① 饮用水舱内若有涂层损坏(图 13.16、图 13.17),应由船东代表和涂料制造商派遣的检验员进行检查。必须穿着干净的工作服和鞋套才能进入储水舱。

② 进行 Bresle 测试以确定盐度是否低于 50 mg/m²。如是,则对储舱进行高压清洗。

③ 如要对底材进行维修,则必须按照 ISO 8501-3 标准 P3 制备等级要求处理焊缝。应使用焊接毯保护涂层未受损区域。

④ 通过真空喷砂或 Bistle Blaster 制备受损区域,达到 SA2½ 等级。

⑤ 修补时,使用刷子为上述区域涂覆多道涂层,直至干膜厚度至少达到 300 μm。涂覆每一道涂层时都要遵守最小涂覆间隔的要求,因此需要确定表面温度,并从涂料制造商提供的涂料说明书中找到最小涂覆间隔时间。修补涂层时应使用不同颜色的涂料,以便更好地控制修补工作的质量。修补时,储舱应具备良好的通风,还应加热储舱以使表面温度达到 20℃ 的最优温度。对于饮用水舱,应使用经认证的无溶剂环氧树脂涂料。对于黑水舱或耐化学腐蚀的舱室,可使用酚醛环氧树脂涂料。

13.5 储舱和货舱涂层的维修

图 13.16 饮用水舱内的涂层出现损坏

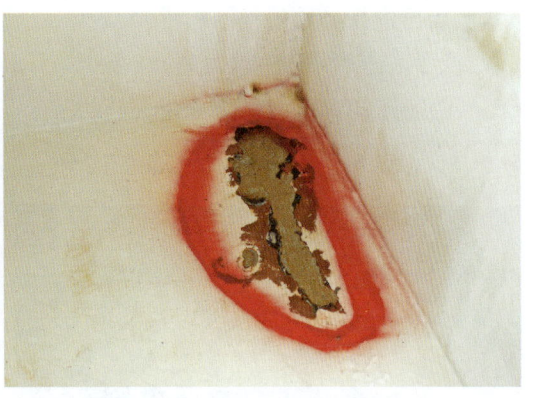

图 13.17 饮用水舱内出现槽蚀

⑥ 饮用水舱内的涂层硬化后,必须对其进行清洗和消毒。可以用氯多次清洗,或使用专用的柠檬酸清洗,之后再用淡水冲洗。冲洗完成后,必须采样并进行质量分析。

维修货舱的涂层时的工作步骤与上述步骤类似。对于运输粮食(如谷物)的散货船,维修货舱涂层时应确保所使用涂料中的溶剂获得了相关认证。

如果货舱内涂层起泡或生锈的面积超过了 8%,则应重新涂覆整个货舱。具体的工作步骤如下(以图 13.18 所示黑水舱为例):

① 清洁黑水舱后,必须进行检查。

图 13.18 黑水舱涂层受损面积为 10%

图 13.19 黑水舱内的涂层受损并出现气泡

若黑水舱或压载水舱内的涂层出现气泡(图 13.19),则表明表面被盐类物质污染。这类储舱一旦出现这些涂层问题,那么会迅速产生点蚀(图 13.20),结果是必须大规模更换钢材。开展维修工作之前,必须与船级社确定具体的维修程序。对于饮用水舱和耐化学腐蚀的舱室,必须根据 ISO 8501-3 标准 P3 制备等级要求制备新钢材的边缘,必须根据 ISO 8501-3 标准 P2 制备等级制备其余表面。

② 黑水舱和压载水舱的涂层中,盐类物质被封在点蚀处,无法通过高压清洗去除,而且在喷砂之前无法估算涉及钢结构的工作量。因此,建议对整个储舱进行 SA2 级喷砂处

理,然后再进行必要的钢结构维修。

③ 钢结构维修完成后,高压(至少 30 MPa)清洗储舱。

④ 进行 Bresle 测试。如果盐度低于 50 mg/m², 则可以对储舱进行 SA2½ 级喷砂处理(图 13.21)。

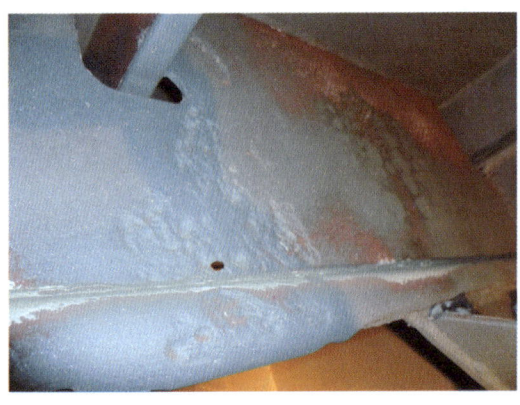

图 13.20　黑水舱内出现点蚀

图 13.21　对先前出现点蚀和气泡的舱室进行了 SA2½ 级喷砂处理

⑤ 根据技术规格书要求重新涂覆舱室(参见第 10 章)。进行第一道预涂时,应使用刷子在轻微点蚀处进行预涂。

该方法同样适用于其他储舱或货舱。

下述示例中,某油舱被改造为耐化学腐蚀的储舱。

① 燃油舱和油舱通常不涂涂料,其钢材制备等级为 ISO 8501-3 标准 P1 等级。

② 用化学品清洁储舱,再用淡水清洁储舱。

③ 预涂底漆中残留有油类物质,可能是被环氧树脂吸收的油、脂。为了去除涂层,需对储舱进行 SA2 级喷砂处理。

④ 维修钢结构。储舱若要涂覆耐化学腐蚀的涂层,则需按照 ISO 8501-3 标准 P3 等级进行制备。

⑤ 再次用化学品和淡水清洗储舱。

⑥ 对储舱进行 SA2½ 级喷砂处理。

⑦ 按照技术规格书要求涂覆储舱。

此类储舱因出现点蚀而需要涂覆时,同样可使用上述步骤。

14 由船员执行的防腐蚀工作

船员也可以执行防腐蚀工作,与涂料制造商合作制定的涂料技术规格书可作为开展工作的基础。船员通常不会接受任何防腐蚀专业的资质培训,而船上的设备也不能与专业公司的设备相匹及。

船员的数量较少而船舶的体积却十分庞大,因此合理地规划和实施防腐蚀工作是一大挑战。船舶航行期间通常只能在一些可以安全进入的外部区域进行保养和维修;储舱在航行期间是保持关闭的;货舱多数时候都装有货物;另有一些区域必须借助脚手架才能达到,但航行时架设脚手架并不安全。因此,许多防腐蚀工作必须在修船厂才能开展。由涂料制造商派遣的检验员和船员共同制定的维修计划可以提供信息,告知哪些工作可以由船员执行,哪些必须交给专业公司,并给出保养周期。船舶保养体系应覆盖每个货舱及储舱。有一些工作可以由船员完成,这些工作主要包括容易进入的外部区域及内部区域(如技术舱室)的防腐蚀工作。在储舱或货舱开展工作时存在一定的安全隐患。一方面原因在于航行时无法平稳架设支架;另一方面必须保证空间内良好的照明和通风。清洗这些区域而产生的污水很难在船舶航行时得到良好的处置。清洗后,必须使这些区域再次干燥或无结露。因此,这些区域的防腐蚀工作最好由船厂或专业公司进行。由船员执行的防腐蚀工作,其防腐有效期通常仅为几个月到几年;专业的防腐蚀工作,其有效期依据系统负荷的不同可以达到数年。

使用不同类型的涂料(特别是单组分涂料)时,可能会出错。经常会出现由于涂覆了不兼容的涂料导致涂层开裂的情况。只有特殊的单组分聚氨酯涂料和防腐涂料才能涂覆于双组分涂料之上,但这也只是一个可以简化船员涂覆工作的折中方案。更为有效的做法是涂覆双组分涂料,例如表面耐受型环氧树脂涂料和聚氨酯涂料。需要注意的是,这类化学固化涂料(环氧树脂、聚氨酯)必须与已有涂层系统兼容。

涂覆内部区域时,推荐使用溶剂含量较低的表面耐受型环氧树脂涂料(前提是该涂料与已有涂层系统兼容)。因为多数人员经常会在这些区域内工作,所以应避免有害的溶剂挥发至空气中。

船员开展防腐蚀工作需要用到以下设备:

(1) 个人防护装备。
① 用于除锈工作:可覆盖全身的衣服、手套和防尘口罩。
② 用于涂覆工作:必要时使用防护口罩;遵守涂料制造商提供的安全说明书。
(2) 清除污物。

① 清除油、脂：冷清洁剂或乳化清洁剂。

② 清除盐、灰尘和污垢：高压清洁剂。

（3）除锈。

① 除锈锤。

② 带刚玉盘的角向打磨机。

（4）重新打磨旧化学固化涂层（环氧树脂/聚氨酯）。

① 粗刚玉纸。

② 带刚玉盘的偏心打磨机。

（5）用于混合涂料，主要是搅拌器。

（6）用于涂覆。

① 干湿计，在外部区域工作时使用；表面温度计，在高湿度区域工作时使用。

② 刷子。

③ 适用环氧涂料的滚刷。

工作步骤如下：

① 首先确认待处理区域是否被油、脂污染。受污染区域的颜色比周围更暗。检查时可以向这些区域喷洒淡水，如果水形成水珠滚落，那么这些地方已被油、脂污染。

② 如果存在油、脂，则必须用冷清洁剂或乳化清洁剂将其清除，再用淡水清洁。

③ 要清除污垢和盐类物质，必须使用高压清洁剂彻底清洁表面，如果在室内无法进行高压清洁，则应使用淡水进行手动清洁。

④ 锈蚀严重的区域必须使用除锈锤进行处理。随后，使用角向打磨机对已经用除锈锤处理过的区域或一般锈蚀区域进行除锈，并使除锈表面与现有涂层之间保持平滑过渡。

若除锈方法正确，则可以在除锈区域看到由刚玉盘产生的打磨轮廓，该轮廓可使涂料牢固附着于表面。图14.1中良好的打磨轮廓是由刚玉盘打磨形成的。如果某些区域没

图14.1 ST3除锈区域

有这种轮廓,那么应使用刚玉盘打磨以形成一定的粗糙度。

⑤ 除锈时,请勿使用碗形刷。碗形刷会将区域打磨得过于光滑,导致涂层材料无法牢固附着于表面,从而使涂层迅速脱落。

⑥ 如果使用碗形刷打磨了焊缝处,则必须再使用打磨机打磨焊缝并使其获得一定的粗糙度。

⑦ 必须清除表面上的灰尘和污垢,推荐使用工业吸尘器。

⑧ 使用干湿计确定露点,使用表面温度计确定表面温度。表面温度必须至少高于露点3℃。固化的最低温度可以从涂料说明书中获取。有些涂料的固化温度至少为10℃,而有些涂料则可以在10℃以下固化。与涂料制造商确认后,通常也可以在较高温度下使用这类涂料。

⑨ 必须使用搅拌器混合涂料,直至其质地均匀。若使用的是双组分涂料,则必须按照涂料说明书以正确的比例混合涂料。

⑩ 使用刷子将涂料厚涂在已经经过除锈处理的区域。推荐使用圆形刷,因为圆形刷可以大量吸收涂料,且能将涂料较好地涂覆于表面之上,见图14.2。涂覆第一道涂层时不得使用滚刷,因为使用滚刷无法获得足够厚的涂层,且不能将涂料很好地涂覆于表面之上。

图14.2 使用圆形刷进行涂覆

应至少涂覆3层环氧树脂涂料。必须遵守涂料说明书中的最小涂覆间隔。若根据涂料说明书中内容,在平均表面温度为10℃时,涂料的固化时间为20 h,那么必须要等待20 h才能涂覆下一道涂层。

⑪ 装饰性涂料(如清漆)可以用滚刷涂覆。

⑫ 如果要在已有化学固化涂层上涂覆涂料,则应使用偏心打磨机(图14.3)或用砂纸手动打磨已有涂层,从而使涂料能够牢固附着其上。打磨后,必须清除表面灰尘和污垢。

⑬ 最后用滚刷涂覆涂料。

14　由船员执行的防腐蚀工作

图 14.3　带细砂纸的偏心打磨机

15　文档记录

文档记录是腐蚀防护的一个重要环节。无论是新造船项目还是船舶维修项目,都应对每一次检验进行记录并由检验方签字。当以后出现维修相关问题时可以参考检验记录。如有可能,应在文档记录中增加图片、测量数据等相关证据。此外,涂层缺陷也应记录,这份记录一方面可用于指示涂层薄弱区域所在,另一方面可用于制定新造船项目或维修项目涂层系统的维护计划。

对于按照 PSPC 或 MSC 288(87)标准涂覆的压载水舱,应指定文档的适用范围。如果某涂层是按照 NORSOK M501 标准涂覆的,那么也应指定文档的适用范围。除此之外,应在由船厂、涂料制造商和船东共同制定的技术规格书和协议中规定,由谁以何种方式记录何项内容。建议在检验各个区域时进行拍照记录,并将照片添加至检验报告中。应将检验结果记录在通用的表格之中,表格应由各相关方签署。

表 15.1 为一份验收登记表,可用于记录从表面制备到最终质量控制的各道工序的结果。可以收集这些验收登记表,并将结果添加至 15.1 所述报告中。

表 15.1　检验登记表

验收试验登记	检验类型	项　目
对　象		负责人
日　期		时　间
设　备	描　述	备　注
船　东	其他检验者	船级社
质量协调	日　期	签　名

15 文档记录

涂覆涂层时,必须填写涂覆记录表(表 15.2)。

表 15.2 涂覆记录表

涂 覆 记 录 表											编号	1	页数	1
对 象														
对象区域/组件							表面制备							
涂料名称/批号	颜色	日期	时间	涂覆方式	环境温度/℃	表面温度/℃	相对空气湿度/%	露点/℃	额定湿膜厚度/μm	额定干膜厚度/μm	干膜厚度/μm		签名	

15.1 符合 PSPC 和 MSC 288(87)标准的新船文档记录

根据 PSCP 和 MSC 288(87)要求,需要保留涂层技术档案(coating technical file, CTF)。这份档案通常由船厂管理,但也可以将其移交给具有合格资质的制造商或咨询公司。

涂层技术档案包含:

① 关于实施 PSPC 或 MSC 288(87)的协议。船东、涂料制造商、造船厂和船级社签署协议,确保新船项目的涂覆流程和涂覆结果符合该标准。

② 相关检验人员的名单,以及检验人员的资质证明。

③ 底漆和特定涂层体系所用涂料的涂料说明书及其适用 PSPC 的证明。

④ 关于底漆与后续涂层体系兼容的声明。若涂料不兼容,则会造成一定的后果并产生较高的表面处理费用(例如,必须再次进行表面处理,并使用 SA2 等级喷砂的方法去除至少 70%的底漆)。

⑤ 涂装技术规格书。

⑥ 造船过程中涂层系统的检验和维修步骤。

⑦ 关于表面处理和涂层涂覆检验结果的报告以及涂覆记录表。

⑧ 进度报告,必要时还包括缺陷报告,即"不符合报告"。

建造压载水舱的第一步是涂覆带底漆的钢板,此时必须提供表面预处理报告,见表 15.3。该报告的附录中包含了压载水舱是否无尘的检验报告。该报告在后续涂覆过程中同样有效。

表 15.3 表面预处理报告

船舶/船体编号：500 分段：1203 首次检验：YES 检验数量：1				
表 面 处 理				
编号	要 求	结 果	合 格	不合格
1	板材/型材腐蚀等级参照 ISO 8501-1 标准 要求：A/B	A	√	
2	无油、脂	是	√	
3	表面盐含量参照 ISO 8502-6 和 ISO 8502-9 标准 要求：≤50 mg/m²	26 mg/m²	√	
4	冷凝概率参照 ISO 8502-4 标准 环境温度 涂覆底漆时的要求：≥+5℃	16℃	√	
	相对湿度 要求：≤85%	58%	√	
	钢材表面温度 涂覆底漆时的要求：≥+5℃	17℃	√	
	露点	8℃	√	
	钢材表面温度高于周围空气露点温度 要求：≥3℃	9℃	√	
5	灰尘等级参照 ISO 8502-3 标准 要求：表面灰尘颗粒度等级为 3/4/5 的灰尘分布量应达到 1 级，在不使用放大镜的条件下，待涂覆表面可见的更小颗粒的灰尘应去除	1	√	
6	表面清洁度参照 ISO 8501-1 标准	SA2½	√	
7	表面粗糙度参照 ISO 8503-2 标准 要求：中/喷砂粗糙度比较板	中	√	
喷料鉴定				
喷料		低碳铸钢丸		
型号		F20		
批号		1013456		
底漆鉴定				
底漆类型		硅酸锌乙酯		

15　文档记录

（续表）

底　漆　鉴　定			
品牌	Zinkweld 100		
组分 A 批号	5687265		
组分 B 批号	5687456		
底　漆　膜　厚　测　量			
在未喷砂钢板上进行 15 次干膜厚度测量 要求：最小干膜厚度 10 μm，最大干膜厚度 25 μm	结果	合格	不合格
测得的最小干膜厚度	15 μm	√	
测得的最大干膜厚度	22 μm	√	
平均干膜厚度	18 μm	√	
不合格报告 对需纠正缺陷的描述			

缺陷描述：

参考文件：

采取的措施：

是否需要重新检验：否		
助理检验员	涂装检验员	船级社
日期：	日期：	日期：
签名：	签名：	签名：

灰尘等级报告参照 ISO 8502-3 标准，见表 15.4。

表 15.4　评估待涂覆表面灰尘的报告

船舶/船体编号：500
分段：1203
首次检验：是
流程：表面预处理
检验数量：1

灰尘分布量等级

位置 A

位置 A 检验结果：

(续表)

位置 B

位置 B 检验结果：

位置 C

位置 C 检验结果：

要求：
表面灰尘颗粒度等级为 3/4/5 的灰尘分布量应达到 1 级
在不使用放大镜的条件下，待涂覆表面可见的更小颗粒的灰尘应去除
（参见附件——"灰尘数量等级"报告）

灰尘颗粒度等级及对照图	对灰尘颗粒的描述
0	10 倍放大镜下不可见的微粒
1	10 倍放大镜下可见但肉眼不可见的颗粒（颗粒直径通常小于 50 μm）
2	正常视力下刚刚可见的微粒（颗粒直径通常在 50 μm 到 100 μm 之间）
3	正常视力下明显可见的颗粒（颗粒直径可达 0.5 mm）
4	直径为 0.5 mm～2.5 mm 的颗粒
5	直径大于 2.5 mm 的颗粒

是否需要重新检验：否		
助理检验员	涂装检验员	船级社
日期：	日期：	日期：
签名：	签名：	签名：

15 文档记录

一旦压载水舱建造至环段或分段,便会进行二次表面处理。在该建造阶段,将对压载水舱进行涂覆,直至涂上最后一道涂层。该阶段将用到二次表面处理报告(见表15.5)。

表 15.5 二次表面处理报告

船舶/船体编号:500
分段:1203
舱室编号:506　　　　　　面积:420 m²
首次检验:是
检验数量:1

表 面 处 理					
编 号	要　　求		结　果	合　格	不合格
1	钢材处理参照 ISO 8501-3 标准			√	
	焊缝等级:P2		P2	√	
	边缘等级:P3		P3	√	
	一般表面等级:P3		P3	√	
2	无油、脂		是	√	
3	底漆固化测试参照 ASTMD4752 标准			√	
4	表面盐含量参照 ISO 8502-6 和 ISO 8502-9 标准 要求:≤50 mg/m²		19 mg/m²	√	
5	灰尘等级参照 ISO 8502-3 标准 要求:表面灰尘颗粒度等级为 3/4/5 的灰尘分布量应达到1级,在不使用放大镜的条件下,待涂覆表面可见的更小颗粒的灰尘应去除		1	√	
6	表面清洁度参照 ISO 8501-1 标准 要求:焊接处和底漆受损处需达到 SA2½ 其他区域进行喷砂处理		焊接处和底漆受损处达到 SA2½,其他区域进行喷砂处理	√	
7	表面粗糙度参照 ISO 8503-2 标准 要求:中/喷砂粗糙度比较板		中	√	

其他:需附加涂覆报告,涂覆报告应对每一道涂层进行记录
要求将冷凝风险降至最低
钢材温度应比露点至少高 3℃
相对湿度应小于 85%
对于特定的涂层系统,环境温度应不小于 10℃

喷 料 鉴 定	
喷料	冷钢砂
型号	G34

(续表)

喷料鉴定				
批号	4234082			
最后一道涂层膜厚测量				
测量参照 90/10 准则 额定干膜厚度：320 μm，最大干膜厚度参照涂装技术规格书：2.5×额定干膜厚度	结果	合格	不合格	
测得的最小干膜厚度	289 μm	√		
测得的最大干膜厚度	795 μm	√		
平均干膜厚度	380 μm	√		
干膜厚度读数应以打印报告的形式随附				
不合格报告 对需纠正缺陷的描述				

缺陷描述：

参考文件：

采取的措施：

是否需要重新检验：否		
助理检验员	涂装检验员	船级社
日期：	日期：	日期：
签名：	签名：	签名：

有时会出现同一个压载水舱会分在两个环段。这种情况下，当两个环段焊接在一起时，必须对连接处的表面进行处理，为涂覆工作做好准备。此时又会用到二次表面处理报告，但是是经过修改后的版本。不同之处在于无须对整个压载水舱进行表面处理，只要处理环段连接处及涂层受损处。根据 PSPC 的要求，如果上述区域（即环段连接处和涂层受损处）的面积不超过 25 m² 或压载水舱总面积的 2%，那么可以按照 ISO 8501-1 标准 ST3 等级对这些区域进行表面处理和维修。

15.2 维修时的文档记录

在修船厂进行维修时,文档记录通常由涂料制造商负责。船东应与记录者达成协议,确定记录的内容及其形式。

下面为一份入坞维修报告的示例。根据涂料制造商提供的技术规格书确定了维修工作的范畴。这份报告使用英语撰写,英语是国际航运业的通用语言。

Dry Docking Report(入坞维修报告)

Vessel Name(船名): Docking Yard(修船厂): Docking Period(维修期): Master(船长): Superintendent(主管): Coating supplier representative(涂料供应商代表): **Cathodic Protection(阴极保护)** Impressed Current System(外加电流系统): Anodes(阳极):	**Ship Data(船舶数据)** Owner/Manager(船东/经营方): Flag(船旗): IMO Number(IMO编号): Delivery Year(交船年份): Builder(建造者): Type of vessel(船舶类型): **Last Dry Dock(最近一次入坞)** Docking Yard(修船厂): Country(国家): Docking Period(维修期):	**Hull Areas(船体区域)** Flatbottom(平底): Vertical Side(垂直面): Boottop(水线间): Topside(水上部分): **Information about trading area and services(航区及服务信息)** Trade(areas in which the vessel is sailing or will sail)(航区,即船舶正在或即将航行的区域): Days in port or at anchor average(停在港口或锚地的平均天数): Days in port or at anchor longest(停在港口或锚地的最长天数):

Condition of coating at indocking(入坞时的涂层状态)
To be rated in good/fair/poor(用好/一般/差进行评价)

	Fouling Protection(防腐蚀涂层)	Coating Condition(涂层状态)
Topside(水上部分)	×××××××××××××××××××××××	
Bootop(水线间)	×××××××××××××××××××××××	
Sidebottom(侧底)		
Flatbottom(平底)		

Fouling/Damage inspection report(结垢/损坏检查报告)

Rate in this section for areas treated percentage of damage and for underwater area status of antifouling prior washing. Attach in your report pictures of each part prior and after HP Wa-shing. 此部分内容主要对某些区域的受损面积百分比和水下区域的防污涂层状态(冲洗前)进行评价。应在报告中附上各个区域在高压冲洗前后的图片。

Flatbottom(平底)			
Type of fouling/damage(结垢/损坏类型)	Foreward(船艏)	Middle(船舯)	Aft(船艉)
Blistering(起泡)			
Mechanical Damage(机械损伤)			
Rust Penetration(锈蚀)			
Slime(黏液)			
Fouling(结垢)			

Vertical Side-Starboard(垂直面-右舷)			
Type of fouling/damage(结垢/损坏类型)	Foreward(船艏)	Middle(船舯)	Aft(船艉)
Blistering(起泡)			
Mechanical Damage(机械损伤)			
Rust Penetration(锈蚀)			
Slime(黏液)			
Fouling(结垢)			

Vertical Side-Portside(垂直面-左舷)			
Type of fouling/damage(结垢/损坏类型)	Foreward(船艏)	Middle(船舯)	Aft(船艉)
Blistering(起泡)			
Mechanical Damage(机械损伤)			
Rust Penetration(锈蚀)			
Slime(黏液)			
Fouling(结垢)			

Boottop-Starboard(水线间-右舷)			
Type of fouling/damage(结垢/损坏类型)	Foreward(船艏)	Middle(船舯)	Aft(船艉)
Blistering(起泡)			
Mechanical Damage(机械损伤)			
Rust Penetration(锈蚀)			

15　文档记录

Boottop-Portside(水线间-左舷)			
Type of fouling/damage(结垢/损坏类型)	Foreward(船艏)	Middle(船舯)	Aft(船艉)
Blistering(起泡)			
Mechanical Damage(机械损伤)			
Rust Penetration(锈蚀)			

Topside-Starboardside(水上部分-右舷)			
Type of fouling/damage(结垢/损坏类型)	Foreward(船艏)	Middle(船舯)	Aft(船艉)
Blistering(起泡)			
Mechanical Damage(机械损伤)			
Rust Penetration(锈蚀)			

Topside-Portside(水上部分-左舷)			
Type of fouling/damage(结垢/损坏类型)	Foreward(船艏)	Middle(船舯)	Aft(船艉)
Blistering(起泡)			
Mechanical Damage(机械损伤)			
Rust Penetration(锈蚀)			

Cleaning and Pretreatment(清洁和预处理)

Example：All outside areas treated by 30 MPa HP Washing. All areas of damaged coating and rust at underwater hull and boottop are treated by UHPW Jetting 210 MPa. Areas of damaged coating and rust at topside are to be grinded to ST3 and edges of coating are smoothened. See pictures of treated areas attached.（示例：使用 30 MPa 高压水冲洗所有外部区域。水下船体及水线间的涂层受损区域和锈蚀区域则使用 210 MPa 超高压水射流清洗。水上部分的涂层受损区域和锈蚀区域应打磨至 ST3 等级，且使涂层边缘光滑。参见经过处理的区域的图片。）

Coating Specification(涂装技术规格书)

Coating specification from coating supplier is to be attached here.（应附上涂料供应商所提供的涂装技术规格书。）

Application(涂覆)

For application fill out application protocol including temperature of steel and due point. Attach pictures from each coating of each area.（涂覆涂料时应填写涂覆报告，包含钢材温度和露点等。附上在每个区域涂覆每一道涂层的照片。）

Observations and comments(观察与评价)

Insert here observations and comments to each area inspected. This includes areas as well which should be treated next dry docking or which are urgent to treat.(在此添加对各个区域的检验结果及评价,除了要指出需紧急处理的区域外,还应指出需在下次入坞维修时进行处理的区域。)

Antifouling Certificate(防污证书)

Antifouling Certificate of coating supplier to be attached here.(附上涂料供应商的防污证书。)